提案募集方式における地方分権改革の政策過程

自治体への権限移譲・不移譲の決定要因に関する研究

鈴木洋昌

公職研

はじめに

　筆者は、2000年[1]4月の分権改革から1月後、5月に縁あって川崎市の地方分権担当課に配属された。当時は、改革に向けた熱気がみなぎり、筆者はまだ20代で、先輩の背中をみながら、国への提言の取りまとめ、権限移譲[2]等に対応したことが記憶に残っている。

　その後は、政策形成に係る部署を中心に異動を重ね、政策がどのように形成され、他の政府や住民との関係でどのように決定されるのかを参与的に観察してきた。そこでは、法的論点や政策合理性といった視点を踏まえつつも、最終的には、関係主体間の利害のぶつかり合いの中で、ある意味「落としどころ」が探られ、政策決定に至るという政策形成過程の現実を目の当たりにしてきた。制度改革については、その改革に対して拒否権を行使しようとする主体に対し、きちんとした情報とともに、環境変化への対応の必要性を説明し、事実を積み上げることで、あるべき「落としどころ」に近づけてく必要性を感じることも多かった。

　30代はじめに、大学院の門をたたき、どうにか博士論文を提出し、学位をいただくことができた。この過程では、自分が観察してきた自治の現場と理論の間をどう埋めることができるか、その限界はどこなのかということに思考をめぐらした。その後も、地方自治・自治体法務・環境政策に関する研究をライフワークの1つとして取り組んできた。

　2000年の分権改革から約20年を経て、2019年4月から3年間、再び分権担当課に配属された。この間の自分の経験の蓄積や職位の違いから客観的に観察できている部分もあるのかもしれないが、地方自治の現場では、2000年当時の熱気は冷め、義務付け・枠付けの緩和といいながら、基準の条例委任に

1　本書では、西暦で統一しているが、平成〇年方針のように、元号で標記されているものについては括弧書きで西暦を標記した。
2　本書では、引用部分等を除き、事務・権限の移譲ではなく、権限移譲で統一している。また、事務・権限と、権限の使い分けについて、提案募集方式で用いられているものなど、引用に加え、これに準じるものに限り事務・権限を用いている。

より、義務付けが強化され、法令での計画策定努力義務が増加するなど、法改正への対応で、庁内に厭戦的気分、やらされ感が蔓延していると感じた[3]。

このように2000年の改革からの時間の経過とともに、自治体の現場では、地方分権という課題に対して積極的に向き合うような状況にはなくなってきていると感じている。2000年の地方分権改革の記憶をもたない若い世代の職員にとってはなおさらであろう。ただし、職員には、日々の業務で直面する課題に対し、分権改革を経た現在の法的枠組みの中で何ができるかを問い続け、実践していくとともに、何らかの課題があれば、さらなる改革を求め、それを具現化させ、こうした地方分権の恩恵を住民に還元していくことが求められる。

本書は、こうした自治の現場での認識を出発点としつつ、現在の提案募集方式を中心とする地方分権改革有識者会議（以下「有識者会議」という。）による地方への権限移譲等を取り上げ、今後の地方分権のありようへの示唆を得ようとするものである。

まだまだ十分でない部分もあるが、2000年の分権改革の記憶を有しない若い職員にも一読いただき、今後の地方分権改革を考える一助にしていただければと考えている。特に、政策・施策が関係主体間の利害のぶつかり合いの中で形成されることからすれば、地方分権の過程には政策の実現に向け学ぶべきヒントが多く隠されているといえる。

また、本書の各章の内容は、大きく加筆・修正した部分もあるが、これまで筆者が雑誌等に投稿した内容を踏まえたものが中心となっており、その初出は次のとおりとなっている。転載等について許可をいただいた関係者の方にこの場を借りて感謝申し上げたい。

第2章　「市町村は地方分権改革の制度を主体的に活用しているか　―条例による事務処理特例制度による指定都市への権限移譲を事例として」『公共研

3　「全国一律、画一的に行政実務が『移譲』されればされるほど、自治体の自立性が損なわれるという二律背反的事象が進んだ。自治体やその職員が『地方分権』に対して厭戦的気分になっているのはそのためである」との指摘もあり（今井2018b：22）、筆者の実感では、特に事業所管部局で、こうした傾向が強いと思われる。

究』18（1）号、161-182頁、2022年3月

　第3章　「分権改革のツールはなぜ活用されないのか　農地法の指定市町村制度の導入過程と制度運用上の課題を中心に」『自治総研』523号、100-117頁、2022年5月

　第4章　「提案募集方式を通じた一括法による権限移譲過程に関する一考察　―なぜ事務処理特例による移譲は集権的な一律の法定移譲に移行するのか」『季刊行政管理研究』182号、77-87頁、2023年6月

　第5章　「条例による事務処理特例制度の権限移譲の適法性に係る一試論　―提案募集方式における府省の見解をめぐって―」『都市社会研究』15号、123-142頁、2023年3月

　第6章　「第2期分権改革における集権・分権の政策過程　―放課後児童健全育成事業の基準の変化と自治体の対応を事例として―」『地方行政実務研究』7号、42-54頁、2023年9月

　序章については、「現場から提起する分権改革　西尾先生のメッセージをどう受け止めるか」『自治体学』Vol36.2、2023年の内容も踏まえたものとなっており、第1章、第7章のみが初出となっている。

　本書の内容については、自治の現場で関係者の方たちと意見交換を重ねるうえで得た知識等に負うところが大きい。かながわ政策法務研究会の場を通じて、政策法務の視点に立って議論する経験は大変貴重なものであり、最高顧問で上智大学教授の北村喜宣先生、関東学院大学教授の出石稔先生、中央大学教授の礒崎初仁先生、立正大学教授の山口道昭先生、会員である県内を中心とする自治体職員の方々と意見を交わす中で、自分自身成長できてきたと感じている。特に、かながわ政策法務研究会にさきだち、阿部浩二さん、久保眞人さん、浜松里佳さんをはじめ川崎市の研究会のメンバーと議論する場は、まだまだアイデアレベルで拙い筆者の考えをまとめていくうえで重要なものとなっている。また、本書の作成に当たっては、雑誌等に投稿した拙稿に対して意見をいただいた匿名の査読者に多くをよっている。一部は、地方行政実務学会、自治体学会において発表した内容を踏まえており、大阪経済法科大学教授の藤島光雄先

生、地方自治総合研究所特任研究員の今井照先生からは貴重なコメントをいただいた。司会を務めていただいた千葉市の土屋和彦さん、佐賀市（当時）の森清志さんにも大変お世話になった。さらに、学部時代にお世話になった横浜市立大学名誉教授の藤野次雄先生、大学院でお世話になった中央大学名誉教授の佐々木信夫先生の指導なくしてはまとめることができなかった。

本書の刊行に当たっては、出版事情が厳しい中、公職研代表取締役の大田昭一さん、編集長の友岡一郎さんにご協力をいただいた。

また、筆者は、30年間勤務した川崎市役所を退職し、2024年4月から高崎経済大学地域政策学部でお世話になっている。非常に恵まれた環境を提供していただいている大学の関係者の方々にも感謝申し上げたい。なお、本書の内容は、川崎市在職中に取りまとめたものであること、ただし、その内容は組織を代表するものではないことをお断りしておく。

そして、ここに記すことができなかった方にも多くを負っており、こうした方々を含め、この場を借りて感謝を申し上げたい。このうえでもあり得る誤りは筆者の負うところである。

最後に、休日等には、原稿執筆等の作業を行う筆者に愛想をつかすことなく、付き添ってくれた家族にありがとうを伝えたい。

2024年4月　上毛三山に囲まれた高崎にて

鈴木洋昌

目　次

序章　検討の背景・目的等

　「第 1 次分権改革は、1980 年代から続いてきた行政改革の流れと 1980 年代末に発覚したリクルート事件に端を発し 1990 年代から始まった政治改革の流れとが合流することによって初めて可能になった構造改革であった。」そして、これを「起動させる契機となったのは、1993 年の国会衆参両院による超党派の地方分権推進決議、直後の内閣不信任決議に続く解散総選挙と自民党の分裂、そして同年 10 月の非自民大連立政権であった細川内閣による第 3 次行革審最終答申の受理」とされる（西尾 2007：49）。

　本書の導入部に当たる序章では、このうち、国会決議に始まる地方分権改革について現在に至るまでの動きを概観したうえで、提案募集方式等による地方への権限移譲等を取り上げる本書の目的等を提示する。さらに、先行研究を概観したうえで、提案募集方式等のうち、本書の対象とともに、検討の視点を示していく。

1　検討の背景・目的

　本書は、有識者会議、提案募集検討専門部会（以下「提案部会」という。）等による指定都市等への権限移譲、不移譲の決定過程を取り上げ、法律による一律、又は手挙げ方式による権限移譲と、「条例による事務処理の特例制度（以下「事務処理特例」という。）」を活用した個別の権限移譲の比較の視点から分析を行い、今後の地方分権のありようへの示唆を得ようとするものである。

　地方分権改革の始動は、1993 年の衆議院、参議院の地方分権の推進に関す

る決議であるとされ、その決議からすでに 30 年を経過している。

　1995 年に設置され、第 1 次地方分権改革を主導した地方分権推進委員会は、5 次にわたる勧告を取りまとめ、その内容の多くは 1999 年 7 月の地方分権の推進を図るための関係法律の整備等に関する法律（以下「分権一括法」という。）として成立した。2000 年の同法の施行により、自治体を国の出先機関として取り扱う機関委任事務が廃止されるとともに、関与のルールとこれに伴う紛争処理のための国地方係争処理委員会の設置が法定化されるなど、国と自治体は対等・協力の関係となった。しかしながら、第 1 次地方分権改革の中身については、権限移譲などの「自治体の所掌事務拡張路線」に沿ったものは限定的であり、その中心は機関委任事務の廃止をはじめとする「自治体の自由度拡充路線」（西尾 2018：2）に属するものであった。このため、自治体の現場に目を移すと、「自治体職員である筆者も、現実の行政事務において地方分権改革の効果を実感することは経験的に皆無に近い」など（立岩 2010：18）、その成果には疑問も投げかけられてきた[1]。一方、事務処理特例が導入され、それまで都道府県知事が規則により市町村長に事務委任できたものから、条例により知事が市町村長との協議を経て、移譲することとなった。この事務処理特例は「第 1 次分権改革の真髄の一つ」とされ（辻山 2013）、市町村へ多くの事務が移譲されてきた。特に、「地域の自主性及び自立性を高めるための改革の推進を図るための関係法律の整備に関する法律（以下「一括法」という。）」では基本的に一律の権限移譲となるのに対して、事務処理特例では、都道府県・市町村の個々の状況に応じた権限移譲が行われてきた。

　その後、地方分権推進委員会の後継として地方分権改革推進会議が設置され、地方分権の推進役としての機能を担うことになる。だが、同会議は「『正史』から排除され」（今井 2019：4）、失敗、事実上空中分解、分裂などと評されるように（石見 2010：8、砂原 2008：133、高木 2007：1）、推進役として

1　市川は、2000 年分権改革が実現し、すでに 10 年以上が経過しているが、これまでのところ、そうした変化（機関委任事務制度の廃止による地殻変動的な大きな変化のこと）は観察されていないとしたうえで、2000 年分権改革について機関委任事務制度をともなう機能的集権体制から機関委任事務制度をともなわない機能的集権体制に組み替えたに過ぎないとしている（市川 2012：225）。

は評価されていない。結果として、経済財政諮問会議を中心に、三位一体改革が進められ、地方交付税が大きく減額され、自治体側は期待を大きく裏切られることになる（今井 2019：6）。

　2007 年 4 月には、地方分権改革推進委員会が設置され、第 1 次地方分権改革の積み残しとなっていた権限移譲とともに、義務付け・枠付けの見直しを中心に 4 次までの勧告を行い、その内容は 4 次にわたる一括法として成立した。「自治体の所掌事務拡張路線」に位置づけられる市町村への権限移譲については、事務処理特例により地域ごとに権限移譲が行われた実績を踏まえ[2]、法令による一律の移譲が行われており、新たな義務付けとして批判がなされている[3]（辻山 2013 など）。こうした地方分権改革推進委員会の検討において、特に注目を集めたのが「自治体の自由度拡充路線」に位置づけられる義務付け・枠付けの見直しであった。だが、当初こそ法令の「上書き」として期待を集めたものの、最終的に、「従うべき基準」「標準」「参酌すべき基準」という形で基準が区分され、法令の基準と全く同じ内容であっても、条例で定めなければならないこととなり、結果として、新たな義務付けを生み出し、自治体の事務量が増大した。当時の民主党政権は、2009 年 9 月の政権発足後、閣議決定された基本方針で地域主権改革を積極的に取り上げ、一丁目一番地の取組として位置づけたこともあり、このような条例への基準委任については「民主党政権のもとでも、その意識に変化が見られなかったのは、いささか奇異に映る」（北村 2016：14）など、厳しい意見も多い[4]。一方、同委員会の委員長代理を務めた西尾は、同委員会の勧告では、省庁の了解を得なかったものが多かったが、民主党政権下で、政務三役が強力に省内に働きかけをした結果、勧告のおよそ

2　第 30 次地方制度調査会も中核市等について「多様である現状を踏まえると、一定の事務の移譲は法令で行うが、その他については条例による事務処理特例制度を活用することとすべきである」としている。

3　辻山は、「地方分権改革推進委員会『第 1 次勧告』（2008 年 5 月）において、（中略）、自主的な権限移譲として高く評価しながら、なぜ『国の仕切り』に戻すような勧告を行ったかについて同勧告は『（自主的な権限移譲の）実績を評価しこれを普遍化しようとしているもの』としているが、納得しがたい論理だ。すなわちこの方式だと協議が整わず移譲を受けていない市町村にも一律に事務処理が義務付けられることになり、事務処理特例制度の趣旨にも、また同時に検討されていた『義務付け・枠付けの見直し』の論理にも違背する」としている（辻山 2013）。

半数は実現することになった（西尾 2013：92-94）とし、政権交代によって勧告が実現できたとする。同委員会は、2010年3月に、その任期を終え、一定の区切りを迎えた。

　その後、国の設置した委員会が勧告を取りまとめ、それに基づき地方分権を推進する委員会勧告方式に代わり導入されたのが提案募集方式である。提案募集方式は、個々の地方公共団体⁽⁵⁾等から地方分権改革に関する提案を広く募集し、それらの提案の実現に向けて検討を行うものである。この導入は、2014年6月の「地方分権改革の総括と展望」において、有識者会議が「個性を活かし自立した地方をつくる」ことをめざし、手挙げ方式とともに、その導入を提案したものである（地方分権改革有識者会議 2014：7）。提案募集方式の対象は規制緩和といった「自治体の自由度拡充路線」とともに、権限移譲という「自治体の所掌事務拡張路線」を含むものとなっている。手挙げ方式は「各地方公共団体の規模や能力は多様であり、直面する課題も異なることから、制度改正に当たっても、個々の地方公共団体の発意に応じ選択的に権限移譲を行う」ものである。「全国一律の移譲では改革が進みにくいものもあ」り、「このような場合、手挙げ方式の導入は、特に国から地方への権限移譲で新たな突破口となり得る」（地方分権改革有識者会議 2014：8-9）。この手挙げ方式は「自治体の所掌事務拡張路線」に位置づけられよう。両制度は、総論として「個性」を活かす方向となっており、一国多制度的として評価する論考もみられる（岩﨑 2015）。

　こうした制度の実際の運用について、前者の提案募集方式は、2022年には増加に転じたものの、年を重ねるごとに、件数の減少が指摘されてきた（上林 2021 など）。後者の手挙げ方式について、災害救助法の救助実施市は、移譲対象となる指定都市の半数以上が指定を受け、災害時の迅速な対応など、一定

4　澤は法令による一律移譲について、「法令改正による全国一律の画一的な権限移譲」が行われており、「都道府県ごとに多様な権限移譲が実現しつつあっただけに、地域の自主性を否定するものとして問題がある」（澤 2013：25）としている。また、義務付け・枠付けの見直しにおいても、一律に条例制定が求められるに至っており、「政省令の改正の多くが遅延し、さらに、制定を要する条例の分量も非常に大部で、関係方面との調整、パブリック・コメント（パブコメ）、条文の審査などに時間を要した」（同：21）。こうした義務付け・枠付けの見直しが分権といえるのか疑問が残るといえる。
5　本書では、引用部分に限り地方公共団体という用語を用いている。

の評価がなされている[6]。一方、農地法等の指定市町村制度に手を挙げる自治体は依然として限定的となっている[7]。

　また、有識者会議は、事務処理特例について「手挙げ方式をとるところが多い」とし（地方分権改革有識者会議2014：37）、「都道府県は、条例による事務処理特例制度を活用しつつ、市町村への事務・権限の移譲に積極的に取り組むことが必要である」としている（同：10）。だが、「移譲の実績が積みあがったものについては法令による移譲を進めることが必要である」としており（同：12）、最終的には一律の移譲が指向されている。

　この間の地方分権の動きをまとめれば、1993年の衆参の決議以降、委員会勧告方式から提案募集方式等へと推進手法が変更されてきており、その中身も機関委任事務の廃止といった「自治体の自由度拡充路線」に属するものから、「自治体の所掌事務拡張路線」に位置づけられる法律による権限移譲なども行われるようになってきている。そこでは、地方分権という旗頭の下、総論としては自治体ごとの個性重視の方向性が提示されつつも、個別の取組に着目すると、「自治体の所掌事務拡張路線」については一律の権限移譲が行われ、新たな義務付けをもたらし、「自治体の自由度拡充路線」についても基準条例制定の一律の義務付けなどが行われてきている。

　また、自治の現場に目を向けると、地方分権の動きと逆行するように、集権的な動きが顕在化し、さまざまな形で国の関与や統制が強化されてきており、これに対する批判がなされ（礒崎2021a、今井2018a）、自治体はその対応を要望している[8]。一方、自治体も必ずしも一枚岩ではなく、国の誘導に対して忖度・追従するメカニズムが働いているとされ（松井2019）、独自の政策・施策に対する国の追認、追認に基づく財政支援等を求めており[9]、国の関与を許容する動きもみられる。

6　2020年6月3日毎日新聞　https://mainichi.jp/articles/20200603/k00/00m/040/279000c
7　北村は、手挙げ方式の状況を「現在では、ほとんど忘れ去られた状態にある」と評している（北村2021：41-42）。本書では、個々の自治体の事例に言及していないが、手挙げ方式により移譲した権限がそれぞれの自治体で活用されているのであれば意義があるといえる。
8　具体的には、2021年6月10日の全国知事会議の「地方分権改革の推進について」などがあり、計画策定等に対して要望を行っている。

　このように、総論として、自治体は地方分権の推進に賛成なものの、各論で
は異なっている部分もあり、第1次地方分権改革において「不協和音に満ち
た混声合唱」(辻山 1994：1-3) と称されたような状態が、市民や経済団体等
の存在はあまり意識されることなく、内閣府地方分権推進室、地方六団体(10)、
自治体と府省の間で一層強まっていると感じられる。この理由の1つとして、
地方分権という言葉が多義的であり、関係主体の状況によって、さまざまな解
釈が可能であることがある(11)。「自治体の所掌事務拡張路線」に位置づけられ
る権限移譲については、自律性は減じることにつながるかもしれないが、活動
量が増えるという側面をとらえ (村松 1988：165-168)、権限移譲を求める
自治体にとっては自治の拡充ともいえる。だが、権限移譲を求めていない団体
にとっては集権的な一律の新たな義務付けとしてとらえることも可能である(12)。
　本書では、分権という概念の多義性、特に権限移譲を関係主体がどのように
とらえているかに着目しながら、分析を進めていく。

2　先行研究等

2.1　地方自治の関係主体に係る研究

　本書が対象とする提案募集方式において、登場する主要な関係主体として、
地方分権所管部局である内閣府地方分権改革推進室、有識者会議、提案部会等、
個別府省とともに、都道府県、指定都市、その連合組織として地方六団体、こ
れを構成する全国知事会、全国市長会、指定都市市長会、業界団体がある。こ

9　こうした事例は枚挙にいとまがないが、例えば、指定都市市長会は、外国人材の受入れ・共生社
　会実現に向けた指定都市市長会提言として、受入れ後の共生社会実現に向けた政策・施策の根拠と
　なる法制度の構築を要請している。

10　本書では、実態にあわせて、地方六団体、地方三団体という言葉を使い分けており、総論部分、
　農地転用許可権限等の移譲については地方六団体、提案募集については地方三団体という言葉を用
　いている。

11　今井は、「あるべき『地方分権像』が拡散し、その結果、とりわけ自治体関係者に忌避感や厭戦
　感が漂っている」ことを指摘する (今井 2019：4)。

12　金井は、「実態においては (権限を) 国が分けるということになる傾向を持たざるを得ない」こ
　とから、「〈分権〉というロジックは、メタレベルではそれ自体が極めて『集権』的なロジックを内
　在させている」としている (金井 2009：11)。

うした構造については、「①各関係者には一定範囲の拒否権がある、②業界団体の利益の合意を背景とする主導官庁による立案がされる、③主導官庁は、自らの希望しない内容の立案は行わない、④各省庁は所掌に関連する限りにおいて拒否権を行使できる、⑤政権・与党・財界には拒否権および発議（検討要求）権があるが、自ら立案しない、⑥状況によっては拒否できない状態に追い込まれるので、各関係者の拒否権は無限ではない。主導官庁にとっては状況や既成事実の積上げが重要である」といった特徴がみられる（金井 2007：55-56）。この構造を踏まえれば、既成事実を積み上げ、消極的同意や消極的不同意を得て、拒否権を発動させない状況を作り出し、主体間で一定の合意を得た形としていかないと改革につながらない。こうした主体のうち、自治省（総務省）[13]には、地方の「代弁・擁護」「監督・統制」（谷本 2019：13、西尾 2001b：89-90）という機能とともに、府省の個別行政への「牽制・干渉」機能があるという（谷本 2019：15-16）。一方、「業界の監督官庁である自治制度官庁は、業界内での紛糾・対立を大規模に招くことは問題解決能力の証明に失敗することであるから、それを回避しなければならない」（金井 2007：70）。このため、地方の「代弁・擁護」とともに、府省への「牽制・干渉」を行いつつも、最終的に落としどころを見つけなければならない。そして、個別の府省についてはさまざまな研究が行われているほか（城山ほか 1999 など）、分権改革に関しても、府省の対応について研究されている（小泉 2016 など）。

　地方六団体は、地方分権に強い関心をもつ自治省、地方自治研究専門家、自治労などとともに、「政策共同体」と呼ぶにふさわしく、「共通の問題認識があり共通の言語を持っている」（村松 1999：4）とされる。また、地方分権推進委員会の委員であった西尾が「委員会はあくまでも地方六団体の総意に基づいて活動した」（西尾 2007：55）とするように、地方六団体の影響は大きい。ただし、「地方六団体間や自治体間で対立しうる課題は、基本的に回避されることが、あるいは少なくともタイムラグを持たせることが指向され」（金井 2007：25）、また内部での紛糾対立を避けるため、一定の同調圧力が働き、そ

13　金井 2007 は自治制度官庁、谷本 2019 は自治制度責任部局として扱っているが、ここでは具体的な省庁名を明記した。

れが許容範囲であれば六団体として求心力を保ち得る⁽¹⁴⁾。さらに、「自治体内部の担当セクションの職員たちが反対に立ち上がることは決して珍しくなかった」（西尾 2007：55）とされ、個別府省と直結する自治体の事業担当セクションと、企画調整・総務系統部局の動きも同一ではない。

　指定都市と道府県の関係について、指定都市移行過程を取り上げ、事例分析が行われている（佐々木 2002、岩崎 2002 など）。移行過程では、道府県の同意を得る必要があり、その意向が指定都市移行後の県単独事業の取り扱いなどに強く反映されてきた。特に、「一般に行政組織は事務権限の喪失を厭がる」ものであるが、例えば「中心大都市の政令指定都市化は、事務権限を一部喪失するデメリットはあるものの、当該事務権限に関わる負担を転嫁できるメリットがあ」り（金井 2007：152）、「県並み」を標榜する指定都市に対して、道府県人口に占める割合が小さい場合には、他の自治体に回せる財源が増えるという主張が道府県からなされることが多く、負担転嫁がなされてきた（岩崎 2002）。また、指定都市移行時以外の権限移譲に関しても、道府県の同意が重要であった（鈴木 2021：60）。

　指定都市に関して、基礎自治体には「人口規模・面積の拡大→行財政能力の向上→事務権限付与→『上位』類型への『昇格』」というパターンがあり（金井 2007：158）、権限移譲は指定都市が望むべきものであろう。ただし、指定都市が 20 と増加する中で、多様性が増し、指定都市でも手挙げ方式による対応を要望するなど⁽¹⁵⁾、指定都市全体として一体性を保つのが困難となっている⁽¹⁶⁾。

14　「『地方を代表する六団体の意見』にも困惑することが多く、都市計画のように都道府県と市町村の利害が対立することの多いテーマについて、六団体の名の下に一緒げにした意見が開陳されるのである。市長会の意見としては理解できるが、知事会は別の意見を持っているはずだと問いただしても相手にされないことがよくあった」とされ（霊山 2000：145）、一定の許容範囲内であれば、統一した意見をまとめるといえる。

15　例えば、2020 年 1 月 16 日の医療提供体制の確保に関する指定都市市長会提言では、「希望する指定都市は、地域の実情に応じて、法定の医療計画を定めることができることとすること」としており、一律の移譲では 20 市で合意を得ることができなかったことも考えられる。

16　2021 年 11 月 10 日に開催された指定都市市長会では、大阪市長（当時）の松井一郎が 16 市長で取りまとめた特別自治市構想に異論を唱え、異例の多数決となった（2021 年 11 月 16 日神戸新聞）。異例の多数決ということからもわかるように、連合組織内部での対立は表面化しないように事前の根回しが行われることが通常であると考えられる。

本書では、こうした先行研究のうち、特に金井の政策立案の構造とともに、谷本の自治省（総務省）等の地方分権所管部局の機能を踏まえながら、指定都市と道府県も含め、関係主体間の行動に着目し、提案募集方式における権限移譲等の過程を分析していく。

2.2 審議会・私的諮問機関に係る研究

審議会や私的諮問機関は「行政上の政策立案や行政の執行過程において、中立的立場からの紛争の調停・利害調整、外部の専門知識の注入、国民の行政参加といった役割を担って」おり（西川 2007：60）、「関連する民間アクターを行政の政策形成過程に参加させるアリーナである」（笠 1995：96-97）。

そして、審議会と私的諮問機関の役割には一定の違いが見られる。「私的諮問機関は政策課題設定過程から選択肢特定過程で、公的諮問機関である審議会は、選択肢特定過程から権威的決定過程で機能し、両者はいわば政策形成の前半と後半を構成している。私的諮問機関は専門性を、公的諮問機関は民主制を、おのおのより重視している」（笠 1995：97）。また、「私的諮問機関は一時的に設けられるものが多い」（西川 2007：60）。

こうした政府の審議会等には官僚の隠れ蓑との批判が多くなされている（森田 2006・2014、新藤 2011：127-130 など）。一方、法律で設置される審議会が国会議員の統制手段として用いられているとの指摘もある（曽我 2006、池田 2020）。

審議会や私的諮問機関が多く設置されれば、一定の目的を有する審議会等の職務分担は必然的にコマ切れとなってくる。例えば地方制度調査会について「審議会をフィールドとして省庁間の調整が可能だった創設当初からみた場合、大蔵省に財政調査会が設置され（1953 年）、また自治省が創設された（1960 年）後は自治省の立場を主張するための審議会と位置づけられるようになって、地制調内での省庁間調整機能は次第に失われた。地方制度に関しても、80 年代以降の臨調、行革審や地方分権推進委員会など、時の改革課題に関して設置された内閣総理大臣の他の諮問機関の存在も、地方制度調査会の役割の相対的低下をもたらした」（堀内 2016：71）[17]。このように多くの審議会等が設置さ

れる中で、その機能分担が問われてくる。

　本書が対象とする地方分権について、地方分権推進委員会の場合、委員会事務局が「地方分権に対するスタンスの大きく異なる各種の出身母体からの出向者で構成されている混成部隊であったがために」「事務局としての統一方針を形成することが容易ではなかった」。このため、多くの時間が「フリートーキングにあてられるなど、会議が回を重ねるにつれて徐々に委員会主導の委員会運営に変わっていった」（西尾 2001a：34）。ただし、自治省は「制度改革課題から『外されない』」ために、「地方分権推進委員会に協力して、主導官庁として振舞った」（金井 2007：60）との指摘もある。実際、「事務局として学者グループをバックアップしたのは自治省からの出向者であり、地方からの情報を分権委員会に伝えた地方六団体分権本部の事務局長も自治官僚であった」（木寺 2008：129）。地方分権改革推進会議は、内閣府が事務局を務めたにもかかわらず、「義務教育国庫負担金の取扱いをめぐって、非常に『財務省に近い』判断が行われることになったため」「破綻に追い込まれた」（砂原 2008：143）。この背景には、自治省、財務省、個別府省が三すくみとなってしまう財源問題を直接扱ったこともあろう（金井 2005）。地方分権改革推進委員会において、「事務に対する国による『義務付け・枠付け』の見直しが行われた際には、各省個別行政に対する『牽制・干渉』の実働部隊は内閣府の地方分権改革推進室におかれ、その役割は各省よりも一段高い立場から省庁間の総合調整権を持つ『内閣府』の立場で担われ」た（谷本 2019：177-178）。このように、委員会の事務局である内閣府地方分権改革推進室が提案部会等を活用しながら、議論を主導することで推進力を増すことも考えられる。

　本書では、こうした先行研究を踏まえながら、一段高い調整機能を担う内閣府地方分権改革推進室が事務局を担う提案部会や農地・農村部会と、個別府省や個別府省の審議会がどのような関係にあるのかを検討していく。

17　地方制度調査会については大杉 1991 に詳しい。

2.3 提案募集方式等に係る研究

　提案募集方式については、内閣府地方分権改革推進室の関係者が、毎年の成果等の解説を行っている（日野 2015、関口 2018a・2018b、小谷 2018、山中 2019、大熊 2020 など）。上林は、提案募集方式の導入当初から、一括法として国会に提出される法改正の内容も合わせ、分析を行っている（上林 2015・2016・2017・2018・2020・2021 など）。このほか、一定の課題は挙げつつも、提案の高い実現率など、着実な成果を上げているとの指摘もある（高橋 2015、伊藤 2018a など）。特に、伊藤は、提案募集型地方分権改革の特徴として「従来の委員会勧告方式に基づく改革とは異なり、自治体側の発意に基づいて迅速かつ柔軟に改革を推進することができる一方、調査審議の方法や改革実現手法という面では、第一次地方分権改革のグループ・ヒアリングに類似した関係府省ヒアリングを実施して合意点を探り、これを改革案の閣議決定と制度化につなげていく」という点を挙げている（伊藤 2018a：427）。提案部会の座長を務める高橋は、こうした成果を上げている要因の１つとして、提案部会での検討を挙げている（高橋 2015：3）。また、農地・農村部会については、部会長を務めた柏木による報告がある（柏木 2015）。

　提案募集方式に係る関係府省の対応について、伊藤は、「提案に対して真正面から抵抗するのではなく、コストのかかる法令改正を回避するために現行規定で対応可能であると主張し、通知等を発出・改正するにとどめる対応策を模索する場合」や、「自治体の関係部局に独自にアンケートを行い、提案団体以外では当該提案の根拠となる支障事例が観察されない等と主張して、当該提案は受け入れられないという態度を示す場合がある」とする（伊藤 2018a：432）。前者の通知での対応は提案部会でも批判されている[18]。

　一方、一時期、提案の減少が指摘され（上林 2016：85-86、伊藤 2018a：431-432）、国会でもちまちましたものが多い、「地方分権改革の落穂拾いと化している」との指摘もある（上林 2018：40、49）[19]。

　改革は一定の成果を得ると求心力を失うし[20]、改革の手順として、成果が目にみえ、実行しやすいものから手を付けていくことが通常であるから、残された改革課題の費用対効果は必然的に低く、その注目度も同様であることが想

定される。ただし、地方分権の担当部局は、何らかの改革を継続しなければ、自らの存在意義を失うことになってしまう(21)。こうした中、地方分権という名のもとに、一律的な権限移譲が行われたり、一律の条例制定が求められるなど、新たな義務付けを伴う地方分権改革といった矛盾も生じている(22)。

　また、提案募集方式による具体的な提案のうち、「自治体の所掌事務拡張路線」に位置づけられる権限移譲については新たな義務付けともいえる、一律の移譲に移行することへの批判があるほか、「自治体の自由度拡充路線」に位置づけられる規制緩和についても事業における質の問題として取り上げるのか、地方分権という国の自治への制約の問題として取り上げるのかについてさまざまな論考がある。自治への制約の緩和として取り上げるものとして、小谷は、放課後児童健全育成事業の基準について、2017年の提案募集方式における論点及び検討プロセスについて論じ、提案の意義として「参酌化されれば、地方の自

18　有識者会議座長代理の小早川光郎は、第27回有識者会議・第51回提案部会（2016年11月17日）において、「アクロバティックな読み方をして、（中略）何とか省令改正なしに済ませようということでやっている部分もあるのではないか」と発言し、また、構成員の大橋洋一も、「アクロバティックな解釈で、『こういうふうにできるのです』と言われ（中略）現行法の改正にはならずに、通知を出して明確化します。こういうパターンが非常に多かったという気がいたしました」として、府省側の対応を批判している。一方、部会長の髙橋滋は、「提案募集方式には、法令の改正につながらなくとも、運用のレベルにおいて改善提案を取り上げることのできる柔軟さがある」「規定の解釈を変え、運用を変更する方式によって多くの改善提案が実現されてきた」と評し、暗に通知による対応を認めている（上林2017：55）。

19　2018年5月31日に開催された第196回国会の参議院内閣委員会で、参議院議員の相原久美子は、第8次一括法の内容について「ちょっと言葉は適切ではないかもしれませんけれども、ちまちましたものが多いですよね」としている。

20　2回目の大阪都構想の住民投票に関して、「メリットが何かという点について、大阪市民は十分に理解することができない状態にあった。大阪府と市の協調関係を担保する方法は大阪市を廃止するだけでないことが、既に明らかになっていた。大阪市を廃止・解体するという多大なコストを払わなくても、政党という道具を有効活用すれば『政治的な』統合は可能である。その事実を維新は自らの手で証明していた」（善教2021：130-131）。こうした指摘は、維新が府市統合を進めたが故に、改革の求心力を失ったことを示しているといえ、改革の進展により、一定の目的が達成されれば、求心力を失うことを傍証していると思われる。

21　「制度官庁は、制度を所管するため、常に、他の政策・事業官庁と差異化を図りつつ、制度改革という業務を作る誘因がある」とされる（金井2007：60）。自治体の分権所管部局も同様に分権改革の動きを作り出さなければ、自らの存在意義を示せない立場にあるといえる。

22　この条例制定の義務付けについて「いわば惰眠をむさぼる自治体を『たたき起こしてプールに放り込んだ』という効果はあった」との指摘もある（北村2016：27）。

13

主性を活かし、地域の実情に応じた放課後児童健全育成事業の実施が可能となり、地方の多様な方策により事業の質を確保しつつ、待機児童問題の改善に大きな効果をもたらす」としている（小谷 2018：101）。上林は、提案部会や国会の論戦を振り返りながら、必置規制重視派と必置規制緩和派がある中で、義務付け・枠付けの緩和をめぐって、必置規制の緩和を中心に進められてきており、この点が如実に表れたのが、放課後児童健全育成事業に関する参酌すべき基準化問題であるとする。そして、「見方を変えれば、ナショナル・ミニマム維持に関する国の責任放棄ともとられかねないものとなって」おり、自治体が「住民の合意を取り付ける装置（説明責任）と施設運営の安全基準に関する代替指標の確保」ができない場合、「質の確保は覚束ず、参酌基準になったことを機会に量の確保に邁進しかねないという疑念は払しょくできない」としている（上林 2020：80）。佐藤も、全国学童保育連絡協議会の全国的に一律で質の確保を行うという立場から、従うべき基準の参酌基準化の過程を論じている（佐藤 2018）。

　このように提案募集方式は一定の研究が蓄積され、その課題を提示するものがあるものの、個別の事例を取り上げ、過去の経過も含めた分析は行われていない。

　また、手挙げ方式の活用について、自家用有償旅客運送は嶋田による研究があり、移譲のメリット等について論じている（嶋田 2014a・2014b）。また、災害救助法の救助実施市制度の導入過程について、全国知事会は拒否権を行使し、反対していたものの、横浜市会議員も務めた官房長官の菅義偉をはじめとする官邸の動きもあり、移譲に至った（鈴木 2021）。

　こうした先行研究を踏まえながら、提案募集方式等を対象として分析を行っていく。

2.4　事務処理特例に係る研究

　事務処理特例に係る研究は、大きく実際の運用等に関する研究と、統計的手法を用いた研究、法的視点からの研究に分類することができる。

　実際の運用等に関する研究としては、対象や地域を絞った運用等の分析が行

われている。具体的に、生沼ほか 2006 は、都道府県の事務処理特例の運用状況とともに、屋外広告物の権限移譲の実態をアンケート調査により分析している。この結果、都道府県は、権限移譲に係る市町村への財政措置を適切に行う必要があり、原則として都道府県自身における適切な事務執行を確保したうえで、市町村への権限移譲を行うべきであるという。藤巻 2013 は北海道を対象としたアンケートの分析を通じ、市町村は事務処理特例を道の下請けをさせる制度と認識しており、職員数の減少や財源不足など、市町村が抱えている課題等から移譲に消極的であるとする。鹿谷 2017 は秋田県の事務処理特例の運用を取り上げ、分権改革前の事務委任規則と事務処理特例条例では法的位置づけの点では大きな変化があったものの、内容の点では変化を伴っていなかったこと、権限移譲推進条例が制定され、パッケージ化と「手あげ方式・段階方式」による項目ごとの事務・権限の移譲が可能となり、「地域の実情」に応じた取組が可能となっていることを指摘している。小泉 2008 は静岡県を取り上げ、市町村への事務・権限の移譲法律数日本一となった具体的な取組を紹介している。

　藤巻 2013 の研究を踏まえれば、職員数の減少などから市町村は事務処理特例による権限移譲に消極的であるものの、鹿谷 2017 や小泉 2008 の研究成果からは、適切な財政措置やパッケージ化といった都道府県側の積極的な姿勢が移譲の推進に影響を与えることが指摘できる。

　統計的手法を用いた研究としては、都道府県・市町村の政治的状況や環境等の要因など、事務処理特例活用の促進要因の分析が行われている。門脇 2016 は、党派性やキャリアに起因する知事の選好は、その都道府県の自治体間分権に対する積極性の違いに影響を与えうることを実証している。具体的には、①知事選において自民党から支援を受けた知事は、自治体間分権を積極的に進めること、②知事選において社民党ないし共産党から支援を受けた知事は、自治体間分権に消極的であること、③市町村での勤務経験（市町村職員、市町村議会議員、市町村長）がある知事は、自治体間分権を積極的に進めることを指摘している。朴 2020 は事務処理特例を体系的に研究しており、単年度データと、時系列のパネルデータを用いて計量分析を行い、権限移譲に与える要因を分析し

ている。この結果、都道府県知事の得票率など、政治的な要因が大きいこと、与党議席率が低い地域であるほど移譲実績が多いこと、財政的に厳しい都道府県ほど移譲を進めることなどを指摘している。また、単年度データを用い、市町村の政治要因を分析しているものの、各都道府県の構成市町村の割合等を用いており、県内市町村総体としての分析にとどまっている。伊藤2011は、移譲の促進要因として、権限移譲交付金について、単位あたり権限移譲交付金と主要指標との相関関係などの分析を行っている。この中では、大都市人口比率（指定都市、中核市、特例市）と法律1件あたり交付金あるいは1市町村あたり交付金が正の関係にあること、指定都市を有する道府県について市町村歳入に対する交付金比率を①単純平均超と、②単純平均未満とに区分し比較すると、移譲法律数の平均は①で多く、②と大きな差があることなどを指摘している。さらに、財政的に比較的余裕のある道府県では単位あたり交付金が比較的多く、移譲に積極的であることなどを結論づけている。

　法的視点からの研究について、特に、その対象に係る研究としては澤2009、山口2019a・2019b、但田2021などがある。澤は県条例に基づく事務を事務処理特例で移譲することは県による市町村事務の創設につながり、分権改革以前の統制条例と同様であるとして、その課題等を論じている（澤2009）。山口は、こうした市町村事務の創設の具体例として、沖縄県条例による住民投票実施を取り上げ、論じている（山口2019a・2019b）。事務処理特例による移譲の適法性については但田の研究を挙げることができる。

　但田は、後述するさいたま地裁判決を引用しつつ、具体的な事例でなく、次の3つの事例を仮定し、事務処理特例による移譲の妥当性を論じている（但田2021）。1つ目が、施設等の設置許可に係る事務など、事務の種類及び範囲が区域内の一定の広がりのある土地利用を要するものであり、2つの町に、またがるものは知事が判断することが妥当とする。2つ目が、一定の行為許可等に係る事務など、事務の種類及び範囲が区域内の一定の範囲に広がりを有するものであり、知事が判断することが妥当とする。3つ目は、環境保全条例に係る事務など、自主条例に基づく事務について、①許可、②許可を受けずに違反行為を行った者に対する命令、③命令に違反する者に係る氏名等の公表、④命

令に違反する者に対する過料の賦課を定めている場合に、①のみを移譲する場合である。この事例で、事務の種類及び範囲が区域内の一定の範囲に広がりを有する場合、2つ目の事例と同様であるという。①のみを移譲する場合、一体的な政策目的の達成に支障が生じる可能性があり、さらには、市町村が都道府県の行政機関と同様の立場になり、住民に身近な行政は可能な限り住民に身近な地方公共団体である市町村が担任するという事務処理特例の制度趣旨が活かされないだけでなく、都道府県及び市町村を対等の関係であると位置づけている「地方自治法（以下「自治法」という。）」の趣旨に反するという。一方、①から④の一体的な移譲は市町村の自主条例でよく、事務処理特例の制度趣旨が活かされないという。但田は、仮定の事例について論じており、後述する自治省の通知が指摘する個別の法令の趣旨・目的を踏まえたものとなっていない。実際、移譲の適法性は法令の趣旨目的等により、異なってくる。また、1つ目、2つ目は広域事務、3つ目は自主条例による事務であり、広域事務は広域自治体が担うべき側面があるほか、3つ目も自主立法に基づくものであり、こうした権限は県が担うのが妥当といえよう。さらに、自治法2条4項は補完事務では規模能力に応じて市町村が処理することができると規定していることから、事務処理特例による補完事務の移譲の適法性の検討も重要と考えられる。

　このように、多くの研究が行われており、移譲の可否の決定に当たっては、都道府県の主体性が大きくなっているとされる。また個別の事例について移譲の適法性を取り上げたものはない。府省がどのように事務処理特例をとらえているかという分析もみられない。本書では、提案募集方式における権限移譲等の提案の具現化の過程で事務処理特例がどのように位置づけられるか、さらには個々の事務の事務処理特例による適法性を論じていく。

3　本書の対象

　本書では、提案部会による提案募集方式等を対象とする。地方分権は委員会勧告方式から提案募集方式へと大きく舵を切っている中で、同制度がどのように運用されているか、その過程に着目することで、今後の地方分権改革への示

唆が得られると考えるためである。

　また、提案募集方式の提案のうち、事務処理特例による実績があるものを対象とする。事務処理特例の実績がある権限を対象とするのは、2000 年の分権改革から 20 年が経過し、集権的な動きが指摘される中、提案募集方式等による一律の対応と、都道府県と市町村が独自のルールに基づき、行ってきた移譲の実態を比較しながら分析することで、法定移譲と条例移譲の違いを明らかにでき、今後の改革への示唆が得られると考えるためである。また、同制度が地域の実情に応じ、権限移譲が可能となる制度として一定の評価がなされている一方、基礎自治体からは都道府県に決定権があるなど、課題が投げかけられている。都道府県と市区町村間の事務・権限の移譲については、「市区町村の立場に立つのか、都道府県の立場に立つのか、自治体全体の立場に立つのかで、多義的」であり（金井 2010：103）、その評価は難しい。こうした中で、同制度に基づく権限移譲が提案募集方式における提案の具現化の過程でどのように位置づけられるか、さらにはその適法性を分析することで、今後の同制度活用への示唆が得られると考えられるためである。また、**図表 0-3-1** のとおり提案募集方式を通じて都道府県から市町村に権限移譲されたもののほとんどが事務処理特例の実績を有しており、それ以外のものは移譲に至りにくくなっている。

　こうした権限移譲のうち、本書では指定都市への権限移譲を主たる対象として位置づけ、検討を進めていく。先行研究では、事務処理特例の活用において都道府県主導であり、どちらかというと移譲に消極的な存在として市町村が位置づけられている中で、平成の大合併を経て、市町村の平均人口は増加し、指定都市の平均人口は減少しており、指定都市における道府県・市町村間関係を明らかにすることで、他の市町村における同制度の活用に何らかの示唆が得られると考えられるためである。また、「日本人の 5 人に 1 人が政令指定都市に住んでいる」とされるように（北村 2013：i）、人口で全国の約 20％と、大きなウェイトを占めるに至っており、研究成果が与えるインパクトも大きいためである。さらに、指定都市については、かつて「制度それ自体としては『府県並み』」といわれるほど大きな意味をもつものではないが、社会的なステイタス・

図表 0-3-1　提案募集方式による一括法での都道府県から市町村への権限移譲法律数等

一括法 （公布年）	5次 （2015）	6次 （2016）	7次 （2017）	8次 （2018）	9次 （2019）	10次 （2020）	11次 （2021）	12次 （2022）
法律数	1	2	4	2	1	1	0	1
内　事務処理特例		1	4	2	1	1		1
内　重点	1	1	4	2	1	1		1
内　指定都市へ	1		2			1		1
中核市へ			2	2	1			
市町村へ		1						
町村へ		1						

注：第５次一括法では提案募集方式で提案されていない過去の積み残しの法律は除いた
出典：内閣府資料等より筆者作成

　シンボルとしての意味が大きい」とされていた（礒崎 2003：59）。だが、2000 年の分権改革から 20 年余りを経て、近年では事務・権限の移譲の影響もあり、「道府県の 8 割程度の権能があるとされ」、「住民サービスに直結する事務のほとんどは指定都市に移譲されている」（北村 2013：82、88）。このように権限移譲が進んだ結果、既に合意しやすい移譲は対応され、さらなる移譲にかかる合意形成は容易ではなくなっており、当該移譲過程を検討することで、地方分権の課題を提示でき、今後の取組への示唆を得ることが可能と考えるためである。特に、提案募集方式を通じた法定権限の移譲については、**図表 0-3-1** のとおり、法律数は非常に少ない中で、指定都市、中核市への移譲が中心であることが指摘でき、中核市への移譲は、指定都市への移譲実績を踏まえたものとなっている。法定移譲の第一段階が指定都市となっていることからすれば、その段階では、府省は拒否権を行使しながら、抵抗することで、より注目を集め、関係者からさまざまな意見が出され、情報量も多いと考えられる。

4　本書の検討の視点

　分権改革の今後について、西尾は「分権改革の既往の成果を活用することにこそ専心してほしい」「分権改革の恩恵を住民に還元しなければならない」とし（西尾 2013：95・151）、分権休止論ともいわれる主張をしている。一方、

礒崎は、国の法制度に課題があり、立法分権を推進すべきという主張をしている（礒崎2021b：27-34）。このように分権については、正反対のものも含め、さまざまな立場が提示されているが、自治体の現場でいえば、2000年の地方分権改革当時の熱量はないものの、地方分権という看板を下ろしてしまうのは容易ではない。

　こうした中で、本書は、主として「自治体の所掌事務拡張路線」という方向に沿って、提案募集方式等を取り上げ、自治体として今後取り組むべき地方分権の方向性について示唆を得ようとするものであり、その視点は次の6点に集約される。

　1つ目が、提案募集方式等において分権の課題としてフレーミングされることの効果である。合意形成過程では、フレーミングが重要とされる。フレーミングは、問題の提示の仕方により、同じ意味であっても人の思考や判断に影響を及ぼすものである（真渕2020：83-86、秋吉ほか2020：79-80）。伊藤が（事業の実施の際の）「『質の担保』がいわばマジックワードとなって、自治・分権に対する制約要因として機能する可能性」を指摘するように（伊藤2018b：12）、事業を中心に質の課題としてフレーミングされるのか、分権という国の制約の緩和の課題としてフレーミングされるのかが重要といえる。実際、業界団体は所管府省で検討されることで、事業の課題としてフレーミングされることを要望している[23]。このように自治体からの提案等が分権の課題としてフレーミングされることがどのように提案の実現に寄与するのか分析していく。

　2つ目が、府省、都道府県、指定都市、その連合組織、業界団体等の行動である。金井によれば、各主体は一定の範囲の拒否権をもつが、状況によっては拒否できない形に追い込まれることから、主導官庁としては状況や既成事実の積上げが重要である（金井2007：55-56）。また、地方六団体の影響は大きい。こうした中で、府省が法改正を伴う事務・権限の移譲の提案にどう対応したのか、そして、地方六団体の動向等について分析していく。あわせて、提案募集

23　放課後児童健全育成事業の従うべき基準の参酌化が検討される中、全国学童保育連絡協議会は「基準を検討するに当たっては内閣府では検討しないでほしい」としていたように（佐藤2018：105）、自らの業務所管府省の後ろ盾を求めるといえる。

方式は「自治体の権限が制約されていることや国による義務付け・枠付けが厳しいことによって生じる支障を個別の自治体等が指摘し、その解決策を国に提案するという手法」である（伊藤 2018a：423）。この支障は、団体により多義的であり、提案募集方式では、都道府県から市町村への事務・権限の移譲など、地方間の課題も多く挙げられており、個々の自治体からの意見と、地方六団体の意見は一致しない場合も散見される。特に、事務処理特例により移譲済みの団体にとって、法定移譲は、一部手続の変更など、余計な事務を増やす場合もあると考えられる。こうした中で、新たな義務付けともいえる法改正による一律の事務・権限の移譲にどう対応したのかに着目していく。さらに、業界団体等が法定移譲等にどのように対応したのか分析していく。

　３つ目が、協議の行われる場についてである。審議会等はそれぞれ異なる目的・機能をもっており、提案募集方式で中核的な役割を担う提案部会と、当該提案を所管する審議会の相違について分析していく。提案募集方式では、内閣府地方分権改革推進室が所管する提案部会等が地方の「代弁・擁護」と、府省への「牽制・干渉」を行う場として機能しているのか、府省の審議会で当該提案がどのように扱われ、提案部会の議論にどう反映されているのか、農地・農村部会も含め、分析していく。特に、個別の課題について設置された農地・農村部会については一定の成果が求められるといえ、同部会が果たした役割についても分析していく。

　４つ目が、提案募集方式等を通じて実現された事務・権限の移譲等の自治体による活用状況と、その要因である。例えば、地方分権推進委員会の勧告に基づき、2000 年の分権改革により創設された国地方係争処理委員会については、当初ほとんど活用されていなかった[24]。また、第 30 次地方制度調査会の答申（以下「30 次答申」という。）を踏まえた指定都市の総合区制度も活用されていない。このように地方分権の推進といった視点から設けられた制度は自治

24　その創設にかかわった西尾は 2007 年当時、「唯の一回しか活用されず、それ以来長らくいたずらに開店休業状態を続けているのは、どうしたことか。自治体関係者には国と抗争してでも地方自治の地平を切り開こうとする気概が欠けているのではないか、と慨嘆せざるを得ない」としていた（西尾 2007：78）。

体にとって使いにくかったり、ニーズがなかったりといったことから活用されないことも想定される。また、提案募集方式を通じた制度化という点では、地方が望んだものであるが、その制度化の過程で事業を所管する府省が主導し新たな制度を設けることで、自治体側の当初の要望から乖離し、活用しにくいものとなってしまうことも考えられる。提案募集方式等を通じて導入された制度の活用状況とともに、その状況を生み出した要因を分析していく。

　5つ目が、提案募集方式における事務処理特例の位置づけである。事務処理特例について、有識者会議は「都道府県は、条例による事務処理特例制度を活用しつつ、市町村への事務・権限の移譲に積極的に取り組むことが必要である」としていたが（地方分権改革有識者会議2014：10）、提案募集の過程において提案部会や府省はどのように位置づけていたのか分析していく。特に、府省は、法改正をはじめ、自らの対応を回避するための手法として活用していたことも考えられ、こうした点に着目し、分析していく。

　6つ目が、事務処理特例の実績があり、提案募集で取り上げられた事務・権限の事務処理特例による対応の適法性についてである。事務処理特例の対象は、通知で示されるにとどまっており、その範囲は明確でない。特に、事務処理特例による事務・権限の移譲については、国会における立法過程でその可否に係る立法者意思が示されることはなく、その判例も非常に限定的である。さらに、立法資料として府省の解釈が示される逐条解説等で事務処理特例による事務・権限の移譲への見解が示されることはない。こうした中で、提案募集方式を通じた府省とのやり取りを含め、具体の事例を取り上げ、その適法性について分析していく。

5　本書の構成

　本書は、趣旨・目的等を記した本章を含め、8章の構成となっている。
　本章に続く第1章では、提案募集方式の概要等とともに、本書が取り上げる対象事例を概観する。
　第2章では、提案募集方式における事務・権限の移譲を分析していく前提

として、事務処理特例の概要等と活用状況を取り上げる。

　第3章では、農地転用許可権限等の移譲を取り上げ、農地・農村部会での検討過程を中心に、「目標管理型権限移譲」ともいえる指定市町村制度として事務・権限が移譲された要因とともに、事務処理特例と指定市町村制度を比較し、指定市町村制度が活用されない要因を分析していく。

　第4章では、幼保連携型認定こども園以外の認定こども園の認定権限、液化石油ガスの販売事業の登録等に係る事務・権限の移譲を取り上げ、提案募集方式において、事務処理特例で実績のある権限の法定移譲について内閣府地方分権改革推進室が所管する提案部会を中心に、府省、全国知事会、全国市長会の間でどのような議論が行われ、事務処理特例による移譲実績がどのように評価され、移譲に至ったのか分析していく。

　第5章では、高圧ガスの製造等の許可等（コンビナート地域に限る。）、都市計画法（以下「都計法」という。）の事業認可の事務・権限の移譲を取り上げ、不移譲となった過程とともに、事務処理特例の許容等に至った過程、さらには事務処理特例による移譲の適法性を分析していく。

　第6章では、補論として放課後児童健全育成事業の従うべき基準の参酌化の事例を取り上げ、従うべき基準の導入とその参酌化の過程において、どのように課題がフレーミングされ、議論が進められたのか、さらには、その参酌化された基準の活用状況について分析していく。

　最後の第7章では、こうした検討を踏まえた結論と、今後の分権改革のありようについて提起するとともに、残された課題を提示する。

第1章　提案募集方式の概要等と本書の 対象事例

　地方分権改革の取組は、第4次一括法をもって、地方分権改革推進委員会の勧告への対応を終えた。その後、地方の発意に根ざした取組を推進することとし、委員会勧告に代わる新たな手法として、個々の地方公共団体等から地方分権改革に関する提案を広く募集し、それらの提案の実現に向けて検討を行う提案募集方式へと移行としている。

　本章では、本書が対象とする提案募集方式の概要等をみたうえで、3章以降に分析する事例を含め、権限移譲に係る提案のいくつかを概観する。

1　提案募集方式の概要等

1.1　地方分権改革有識者会議等

　有識者会議は、2013年4月に、地方分権改革の推進を目的として、その施策についての調査及び審議に資するため、内閣府特命担当大臣（地方分権改革）により開催が決定されたものである。地方分権推進委員会や地方分権改革推進委員会が、国家行政組織法の8条委員会として法律に根拠を有する組織であったのとは異なっている。このように大臣の決定により設置された点について、「設置根拠は『軽い』といえるかもしれない」し、「折衝過程の透明性が一定程度確保されているものの、関係府省が取り得る対応策には幅があり、提案がどのような形で実現するかという点に関する不確実性が高い」とされる（伊藤2018a：425-427）。

　当初は、この有識者会議に、提案部会とともに、雇用対策部会、地域交通部会、農地・農村部会が設置された。雇用対策部会はハローワークの地方移管、

地域交通部会は自家用有償旅客運送関係等、農地・農村部会は農地転用許可権限の移譲について報告を取りまとめ、その役割を終えた。提案部会は、「地方分権改革に関する提案募集の実施方針」（平成26（2014）年4月30日地方分権改革推進本部決定）に基づき、提案募集方式による地方分権改革に関する提案の検討・整理を行うために設置されたもので、現在に至るまで活動を継続している。具体的には、地方からの提案のうち特に重要なものについて、提案団体、関係府省等からのヒアリングを行い、その検討、整理を行ったうえで、提案の対応方針案を作成し、有識者会議に報告する。さらに、法令による行政計画の自治体への義務付けの見直しが全国知事会等から提言される中で、計画策定等に関するワーキンググループが設置され、報告を取りまとめている。

　本書が中心に取り上げるのは、提案部会と農地・農村部会である。提案部会は行政法、行政学の学識経験者から構成される一方、農地・農村部会は行政法、行政学、農学の学識経験者とともに、新聞記者や財界人が構成員として指名されていた。

1.2　提案募集方式の概要

　提案募集方式は「地方がイニシアチブを発揮しながら、引き続き改革を推進するため、地方六団体の意見を尊重しつつも、個々の地方公共団体からの意見を広く取り上げ、改革を着実に推進するシステム」として採用された（地方分権改革有識者会議2014：7）（傍点は筆者による）。地方六団体の意見を尊重し、個々の地方公共団体の意見を取り上げるということで、両者が異なっている場合どのような対応となるかは明確ではないが、先行研究を踏まえれば、地方六団体の意見が優先されると推測される。

　図表1-1-1のとおり、提案の主体は地方自治体やその連合組織となっており、提案の際には経済団体をはじめ、幅広く意見を聞くこととされている。

　対象は事務・権限の移譲と、義務付け・枠付けの見直し等となっているが、補助率の引き上げ、補助金の廃止による一般財源化などは対象外となっている。この点では、地方の「代弁・擁護」を行う内閣府地方分権改革推進室が財務省や個別省庁と財源をめぐって調整を行う場とはなっておらず、むしろ対象を限

図表 1-1-1　提案募集方式の主体・対象

提案の主体
(1) 都道府県及び市町村（特別区を含む。）
(2) 一部事務組合及び広域連合
(3) 全国的連合組織
(4) 地方公共団体を構成員とする組織（上記（3）を除く。）
募集する提案の対象
①地方公共団体への事務・権限の移譲
②地方に対する規制緩和（義務付け・枠付けの見直し及び必置規制の見直しをいう。）
※　補助金等の要綱等に関する「規制緩和」とは、具体的には、各種補助条件の見直しや手続書類の簡素化を念頭に置いており、補助率の引上げ、補助金の廃止による一般財源化などは、「規制緩和」に当たらず、提案募集方式の対象とならない。

出典：令和 6（2024）年募集要項より筆者作成

定し、財務省を含めた三すくみの状態を回避しながら、同室が地方を「代弁・擁護」し、個別府省に「牽制・干渉」しながら、調整を行う場として位置づけられよう。

　図表 1-1-2 に 2024 年の提案募集方式のスケジュールを示した。

　提案募集方式では、有識者会議で当該年の募集方針の決定後、事前相談・提案受付が行われ、毎年 6 月はじめには提案受付が終了する。その後、有識者会議と提案部会の合同会議が開催され、重点事項が決定される。この重点事項について提案部会が 6 ～ 8 月に府省の担当者等に対して 1 次ヒアリングを行うとともに、1 次ヒアリングの最後に、地方三団体のヒアリングが実施される。8 月に、有識者会議と提案部会の合同会議が行われ、ヒアリング等の状況が報告される。そのうえで、2 次ヒアリングが行われ、最終的に「地方からの提案等に関する対応方針案」が了承される。12 月に、政府として地方分権改革推進本部を開催し、「地方からの提案等に関する対応方針」を決定したうえで、閣議決定される。このように基本的に 1 年間を単位としたサイクルで取組が進められる。

　ただし、結論が 1 年で出せないものについては、閣議決定される「地方からの提案等に関する対応方針」において「○年中に結論を得る。その結果に基づいて必要な措置を講ずる」といった形で方向性が示され、翌年以降に持ち越しとなる。

図表 1-1-2　2024 年の地方分権改革に関する提案募集スケジュール

1月24日（水）	○地方分権改革有識者会議・提案募集検討専門部会　合同会議
	↓　（令和 6 年提案募集の方針決定）
	○事前相談・提案受付開始
5月10日（金）	○事前相談受付終了
5月19日（金）	○提案受付終了
	↓
	○追加共同提案の意向支障事例等の補強照会（3 週間程度）
6月下旬	○地方分権改革有識者会議・提案募集検討専門部会　合同会議
	↓　（重点事項の決定）
	○関係府省への検討要請
6月下旬~8月上旬	○提案団体、関係府省等からのヒアリング
8月上中旬	○地方分権改革有識者会議・提案募集検討専門部会　合同会議
	↓（関係府省からの第 1 次回答・専門部会におけるヒアリング状況等の報告）
	○関係府省への再検討要請
9月中旬	○関係府省からの第 2 次ヒアリング
11月中下旬	○地方分権改革有識者会議・提案募集検討専門部会　合同会議（対応方針案の了承）
12月中下旬	○地方分権改革推進本部・閣議（対応方針の決定）

出典：内閣府 HP より筆者作成
注　デジタル化にかかわる部分は省略した

　図表 1-1-3 に提案募集方式の件数等の推移を示した。総数は初年度、減少した 2020 年、2021 年を除けば 300 件程度で推移している。2015 年以降、自治体の提案は当初段階で振り分けられ、検討区分の③その他が増加し、①内閣府が調整を行うものは 2019 年では 6 割程度に過ぎない。特に、③-1 の提案団体から改めて支障事例等が具体的に示された場合等に調整の対象とする提案も、2 年目年以降、一定割合を占め、一事不再理という原則が基本的に貫かれている。また、①内閣府と関係府省が調整を行うものから重点事項が選定され、提案部会で協議が行われることになる。なお、予算の関係するものについては、②関係府省における予算編成過程での検討を求めるものに分類され、調整結果のみが提示される。

　当初の区分のとおり、①権限移譲は減少し、②規制緩和の割合が高くなっている。この点について、「改革の成果を、地域で必ずしも消化し切れていない切実な事情がある」ことから、「地方への権限移譲や国の関与の縮減を目的とするもの」から、「地域の限られた資源の中で行政運営を持続・発展していくために提案募集方式を活用しようとする動きが大きくなっている」とされる（関

図表 1-1-3　提案募集方式の件数等の推移

年			2014	15	16	17	18	19	20	21	22
当初	検討区分	総数	953	334	303	311	319	301	259	220	291
		①内閣府と関係府省で調整を行うもの		241	209	210	188	182	170	160	235
		②関係府省における予算編成過程での検討を求めるもの		34	33	28	15	18	27	18	16
		③その他		59	61	73	116	101	62	42	40
		③-1 提案団体から改めて支障事例等が具体的に示された場合等に調整の対象とする提案		50	45	57	101	86	55	39	31
		③-2 提案募集の対象外である提案		9	16	16	15	15	7	3	9
	区分	①権限移譲	366	81	38	53	42	35	15	13	16
		②規制緩和	525	253	265	258	277	266	244	207	275
最終	対応状況	提案の趣旨を踏まえ対応 (a)	263	124	116	157	145	140	142	145	198
		現行規定で対応可能 (b)	78	42	34	29	23	20	15	2	15
		小計 (c=a+b)	341	166	150	186	168	160	157	147	213
		実現できなかったもの (d)	194	62	46	21	20	18	11	13	22
		合計 (e=c+d)	535	228	196	207	188	178	168	160	235
		実現・対応の割合 (c/e) %	63.7	72.8	76.5	89.9	89.4	89.9	95.3	91.9	90.6

※ 2014 年では、①権限移譲等の区分以外に対象外等が 62 件
出典：内閣府公表資料から筆者作成

口 2018a：44)。

　また、提案募集方式は、「交渉・実現過程が公開されるなど、プロセスの透明性が確保され」「提案の内容や調整の結果は内閣府ホームページで公表され」ており（大橋 2018：166)、府省や地方六団体など関係団体の見解等へのアクセスが可能であり、その相違も観察することができる。

2　提案募集方式等による権限移譲の類型と本書の対象

2.1　提案募集方式等による権限移譲の類型と提案事例

　提案募集方式の事例は、そのデータベースによれば2014年から2022年までの9年間で3200余りに及んでいる。その中には、規則などで定められた様式の変更から通知による運用の明確化、さらには権限移譲などさまざまなものが含まれている。

　ここで、提案募集方式等における権限移譲の提案については、本書が対象とする事務処理特例の①実績**有**、②実績**無**、さらに提案募集方式等の結果として

❶法定移譲、❷事務処理特例許容、❸対応無の合計で 6 つに分類することができる。

　こうした分類と実際の提案を**図表 1-2-1** に示した。なお、指定都市への法定移譲については網羅できているが、❷❸については主なものを提示している。

　それぞれの概要は次のとおりとなっている。

①❶事務処理特例の実績有・法定移譲

（1）農地転用許可権限等の移譲

　農地転用許可権限等の移譲については、2014 年の提案募集方式の開始に先立ち、2013 年 10 月から有識者会議に設置された農地・農村部会で検討が進められていく。全国知事会等の主張は、自ら取りまとめた「農地制度のあり方について」（2014 年 8 月 5 日地方六団体）のとおりであり、国と地方が責任を共有し、実効性のある農地の総量確保の仕組みを構築したうえで、農地転用許可・農振農用地区域の設定・変更については市町村が担うこととするべきであるなどとしていた。なお、提案当時は、既に多くの都道府県・市町村の間で事務処理特例により権限移譲が行われている状況であった。こうした中でも、農林水産省は、拒否権を行使し、移譲に反対の立場を崩さなかったが、最終的に 2015 年公布の第 5 次一括法において指定市町村制度という手挙げ方式による「目標管理型権限移譲」ともいえる形で権限移譲がなされた。だが、指定市町村制度の指定市町村数はあまり増加していず、事務処理特例による移譲件数が増加している。

（2）幼保連携型認定こども園以外の認定こども園の認定等の事務・権限の移譲

　幼保連携型認定こども園以外の認定こども園の認定等の事務・権限の移譲については、2014 年に指定都市市長会などが提案した。2006 年の認定こども園制度創設当初、認可権限の事務処理特例による市町村への移譲を府省は許容していなかった。その後、2015 年に子ども・子育て支援新制度の導入がなされ、幼保連携型認定こども園のみの認可が指定都市等に移譲された。幼保連携型認定こども園以外については都道府県が担う形であり、二重行政の状況が生じることになった。この結果、府省も事務処理特例による移譲を許容する立場に転

じ、都道府県と指定都市の間で取組が進められていく。こうした中で、認定権限の法定移譲の検討が行われる。全国知事会・全国市長会は移譲に賛成であったが、厚生労働省等は事務処理特例の活用を許容していた。2015年には重点事項に選定され、最終的に2017年公布の第7次一括法により権限移譲がなされた。

（3）軌道経営者に対する運輸開始の認可等に係る事務・権限の移譲

軌道経営者に対する運輸開始の認可等に係る事務・権限の移譲については、2019年に九州地方知事会が提案した。指定都市の区域では直轄国道を除き、指定都市市長が道路を管理しており、この権限と一体的に事務を行うことで、手続の迅速化による事業者の利便性が向上するとともに、より住民に身近な行政主体による総合的な行政が可能となるとしていた。認可に係る事務については、熊本県から熊本市への事務処理特例による移譲実績があった。都道府県からの提案であり、また国土交通省はおおむね賛成、全国市長会も移譲に賛成であった。重点事項に選定され、提案部会で検討が進められ、指定都市の意向調査等を経て、2020年公布の第10次一括法により移譲が行われ、1年間で移譲に至った。

（4）液化石油ガス販売事業者の登録等に係る事務・権限の移譲

液化石油ガスの保安の確保及び取引の適正化に関する法律（以下「液石法」という。）に基づく液化石油ガスの販売事業者の登録等に係る事務・権限の移譲については、2019年に熊本市が提案した。第5次一括法により、2018年にコンビナート地域等を除く高圧ガス保安法（以下「高圧法」という。）の権限が指定都市には移譲されたことで、液化石油ガス権限を有する都道府県との新たな調整業務が発生するなど、二重行政の状況が生じた。当該事務については、事務処理特例による移譲実績が多くあり、当該権限の移譲については全国知事会・全国市長会ともに、賛成であった。重点事項に選定され、提案部会で検討が進められ、最終的に2022年の第12次一括法により移譲された。

①❷事務処理特例の実績有・事務処理特例許容

（1）私立幼稚園の設置認可等権限の移譲

私立幼稚園の設置認可等権限の移譲については、2014年に指定都市等が提

図表 1-2-1　提案募集方式等における権限移譲の提案の類型と具体的な事例

事務処理特例	提案募集の結果	具体的な事例	部会等	知事会	市長会	結果
①実績有	❶法定移譲	(1) 農地転用許可権限等（農地法等）（5次）→指定市町村	部会	○	○	○
		(2) 幼保連携型認定こども園以外の認定こども園の認定等の事務・権限（就学前の子どもに関する教育、保育等の総合的な提供の推進に関する法律及び子ども・子育て支援法）（7次）→指定市	重点	○	○	○
		(3) 軌道経営者に対する運輸開始の認可等に係る事務・権限（10次）（軌道法）→指定都市	重点	※2	○	○
		(4) 液化石油ガス販売事業者の登録等に係る事務・権限（液石法）（12次）→指定都市	重点	○ ※3	○	○
	❷事務処理特例許容	(1) 私立幼稚園の設置認可等権限（学校教育法）		×	○	×
		(2) 高圧ガスの製造等の許可等（コンビナート地域等に係るもの）（高圧法）		△ ※4	○	×
	❸対応無	(1) 都市計画事業認可（都計法）		○	○	×
②実績無	❶法定移譲	(1) 指定都市立の特別支援学校の設置等認可（学校教育法）（5次）→指定都市	重点			
		(2) 高齢者居住安定確保計画の策定権限（できる規定）（6次）（高齢者の居住の安定確保に関する法律）→市町村	重点	△		
	❷事務処理特例許容					
	❸対応無	(1) 医療計画の策定権限等（医療法）		×	×	×
		(2) 都市計画基礎調査の実施（都計法）		○	○	×
		(3) 防衛大臣への自衛隊の災害派遣要請（自衛隊法）		×	×	×
		(4) 生活保護の決定及び実施に関する審査請求に係る裁決権限（生活保護法）	重点	※2	○	×

※1　アンダーラインは本書の検討対象
※2　空白は帳票等で意見が出されていないもの
※3　コンビナート地域は高圧法と整合を取るとの意見あり
※4　手挙げ方式による移譲を求めている
出典：筆者作成

案した。子ども・子育て支援新制度を効果的に展開していくためにも、私立幼稚園の設置認可、私立学校審議会の設置運営、補助金交付の権限並びに財源を指定都市に移譲し、窓口の一元化を図るべきであるとした。設置認可については事務処理特例による移譲の実績があったが、全国知事会は慎重、全国市長会は賛成であり、地方でも意見が分かれていた。文部科学省は、全国知事会からも慎重に検討すべきとの意見が出ていることなどを踏まえ、反対の立場を示し、拒否権を行使する。その後、2015 年にも、同様の提案があったが、文部科学省は、事務処理特例による対応を許容する形であり、移譲には至らなかった。

（2）高圧ガスの製造等の許可等（コンビナート地域等に係るもの）の権限移譲

　第5次一括法により、2018年4月に高圧ガスの製造等の許可等の権限が指定都市に移譲されたものの、コンビナート地域等が除かれていた。法の施行に先立ち、2015年に指定都市市長会等は当該地域も含めるよう提案した。当該権限は事務処理特例による移譲実績があったものの、全国知事会は手上げ方式による検討を求め、経済産業省も事務処理特例を許容する形であり、最終的に、法改正による法定移譲には至らなかった。

①❸事務処理特例の実績有・対応無

（1）都市計画事業認可権限の移譲

　都市計画事業認可権限の移譲については、2014年に横浜市等が提案した。都市計画の手続には、都市計画決定、都市計画事業の認可があり、都市計画決定は指定都市に移譲されているが、都市計画事業の認可は都計法59条に基づき知事が行っており、二重行政の状況が生じていた。当該事務は事務処理特例による移譲実績があり、全国知事会・全国市長会は賛成であった。だが、国土交通省が法の枠組みの観点から反対の姿勢を崩さず、移譲には至らなかった。

②❶事務処理特例の実績無・法定移譲

（1）指定都市立の特別支援学校の設置等認可権限の移譲

　指定都市立特別支援学校の設置等認可権限の移譲は、2014年に新潟市等が提案した。指定都市立の高等学校等の設置に係る都道府県教育委員会の認可については、第4次一括法により廃止予定で届出にすることとなっていたが、特別支援学校の設置には依然として都道府県教育委員会の認可が必要であった。この提案については、全国知事会・全国市長会ともに賛成であった。重点事項に選定され、最終的に2015年の第5次一括法により対応され、1年間という期間で移譲に至った。なお、当該事務は認可を届出とするものであり、提案段階では地方に対する規制緩和として整理されていた。

（2）高齢者居住安定確保計画の策定権限

　高齢者居住安定確保計画の策定権限の移譲は、2015年に福井市が提案した。この計画は、高齢者の居住の安定確保に関する法律に基づき策定するもので、区域内における高齢者に対する賃貸住宅及び老人ホームの供給の目標とともに、

目標達成に必要となる高齢者に対する賃貸住宅及び老人ホームの供給の促進に関する事項などを定めるものである。都道府県による策定のみが規定され、市町村側で独自の登録基準の設定ができない状況にあった。全国知事会は手挙げ方式による検討、全国市長会は賛成であった。重点事項に選定され、当初、国土交通省は都道府県計画との齟齬などを懸念し、現行制度での対応を主張したが、最終的に 2016 年の第 6 次一括法により市町村も策定可能となった。

②❸ 事務処理特例の実績無・対応無

（1）医療計画の策定権限等の移譲

医療計画の策定権限等の移譲は、2014 年に横浜市等が提案した。医療計画は、医療法に基づき、都道府県が策定するものであり、1985 年の医療法改正により、導入された。同計画では、医療圏における病床数の設定等が行われ、三次医療圏は都道府県単位とし、専門的な医療、又は高度で最先端の医療が提供され、二次医療圏は、より小さい、指定都市の区域などが単位とされ、救急医療をはじめ一般的な医療が完結することが目指され、それぞれ病床数が設定される。提案の趣旨は、主として指定都市単位に設定される 2 次医療圏についても、計画策定は都道府県が担っており、それを指定都市が担うことで、医療政策を円滑に行うことができるというものであった。全国知事会・全国市長会ともに移譲には消極的であった。さらに、厚生労働省は広域的な視点から都道府県が策定すべきとし、移譲には至らなかった。この後も横浜市から提案がなされるが、進展をみていない[1]。

（2）都市計画基礎調査の実施権限の移譲

都市計画基礎調査の実施権限の移譲は、2014 年に新潟市が提案した。都市計画基礎調査は、都市法 6 条に基づき、都市における人口、産業、土地利用、交通などの現況及び将来の見通しを定期的に把握し、客観的・定量的なデータに基づいた都市計画の運用を行うための基礎として、おおむね 5 年に一度行われている。この内容を踏まえ、市街化区域と市街化調整区域の線引きなどの都市計画の見直しが行われる。提案理由としては、都市計画の決定権限等の指

1　2020 年の提案募集では、横浜市が医療計画策定権限の一部が事務処理特例の対象となることを明確化するよう求めたが、最終的に対象ではないとの回答を得ている。

定都市への移譲が進んでいることを踏まえ、都市計画立案の基となる都市計画基礎調査についても指定都市が主体となるべきであるというものであった。全国知事会、全国市長会ともに、賛成の意向を示していた。一方、国土交通省は、都市計画基礎調査は、都道府県による都市計画区域の指定の前提となるものであり、市町村の区域を超えた広域的な見地から行う必要があるため、都道府県が実施するのが適切であるなどとし、移譲には至っていない。

（3）防衛大臣への自衛隊の災害派遣要請権限の移譲

防衛大臣への自衛隊の災害派遣要請の権限移譲は、2014年の提案募集で、横浜市などが提案した。災害派遣要請は、自衛隊法83条1項に基づき、災害時に知事にのみ認められている。全国知事会は自衛隊の災害派遣要請は引き続き知事の権限とすべき、全国市長会は実現に向けて積極的な検討を求めるとした。防衛省等は、市町村及び都道府県の災害対応能力（警察、消防等）を活用してもなお対応できず、人命又は財産の保護のため必要があると認める場合に、総合調整機能を担う知事に、自衛隊の災害派遣要請を認めているとした。結果として当該権限の移譲は実現していない。

（4）生活保護の決定及び実施に関する審査請求に係る裁決権限の移譲

生活保護の決定及び実施に関する審査請求に係る裁決権限の移譲は、2017年の提案募集で、九州地方知事会が提案した。2016年の新行政不服審査法の施行により、処分に関与しない審理員による審理手続が設けられたほか、行政不服審査会への諮問の手続が設けられた。審査請求は、同法4条1項1号に基づき、法律に特別の定めがある場合を除くほか、処分庁等に上級行政庁がない場合には処分庁に行う。生活保護法64条は保護の決定等の処分の審査請求は知事に対してすると規定しており、指定都市の福祉事務所長の保護の決定等の処分も含まれる。ただし、同法78条に基づく徴収金の決定処分等の審査請求は市町村長が審査庁になる。また、都道府県の場合は、福祉事務所長の生活保護の決定等の処分を含め、知事に対して審査請求を行うことになる。こうした中で、九州地方知事会の提案理由として、指定都市の処分に対する審査庁が道府県であることは受給者にとって分かりにくいことを挙げていた。全国知事会は意見を出しておらず、全国市長会は賛成であった。重点事項に選定され、

厚生労働省は、都道府県、指定都市等の意見及び相互の調整状況を踏まえて検討したいとした。だが、最終的に移譲には至っていない。この理由は、「指定都市は移譲に慎重な意見が大勢を占めており、『給付認定している指定都市で認定資料に基づき審査請求を裁決することが合理的である』とする都道府県の立場と、『給付認定した本人が審査請求を裁決することは客観性に欠く』[2]という指定都市の立場にはいずれも正当な理由があり、支障の所在を関係者間で共有することが困難なこと」であった（関口 2018a：54）。

　このように、提案募集における権限移譲に関する提案をみてみると、全国知事会、全国市長会、府省のそれぞれが拒否権を有していることがわかる。ここで取り上げた権限移譲の事例では、とりわけ、全国知事会と全国市長会のいずれかが反対している場合は移譲に至っていない。一方、都市計画事業認可や都市計画基礎調査のように、地方分権改革推進員会の時代から議論されてきており、全国知事会、全国市長会が賛成していても、府省が反対して実現していないものもある。また、事務処理特例の実績がないものの移譲は限定的であり、既成事実の積上げとして事務処理特例が機能していることも考えられる。実際、事務処理特例がなく権限移譲された事例をみると、特別支援学校の認可権限については、指定都市立高等学校と同様に、認可を届出にするものであり、実質的には権限移譲というよりもむしろ規制緩和であるといえる。また、高齢者居住安定確保計画の策定権限も、市町村が都道府県計画と並列的に計画を策定できるとしたものにとどまっており、明確に事務を移譲したものとはなっていない。

2.2　本書の対象事例

　提案募集方式等を通じた法定移譲と事務処理特例との関係について分析する本書では、①❶、①❷、①❸を対象とし、具体的な事例では**図表 1-2-2** に示した 5 つの権限移譲の事例を取り上げ、さらには補論として義務付け・枠付けの見直しに該当する 1 つの事例を取り上げる。

　①❶の中で、1 農地転用許可権限等を取り上げるのは、2000 年の分権改革

2　部会長の高橋は、「審理員と行政不服審査会ができたので保証されているのではないかと思う」と発言した。

図表 1-2-2　対象となる事例

区分	事務内容
①❶	1　農地転用許可権限等
①❶	2　幼保連携型認定こども園以外の認定こども園の認定等の事務・権限
①❶	3　液化石油ガス販売事業者の登録等に係る事務・権限
①❷	4　高圧ガスの製造等の許可等（コンビナート地域等に係るもの）
①❸	5　都市計画事業認可
補論	放課後児童健全育成事業の従うべき基準の参酌化

出典：筆者作成

から改革の俎上に上がりつつも法定移譲がなされておらず、農地・農村部会の検討を経て、手挙げ方式により、市町村による目標設定を伴う「目標管理型権限移譲」として移譲が可能となった事例の過程を分析することで、さらなる法定移譲の可能性を探ることができるためである。さらに、多くの都道府県・市町村で事務処理特例による移譲が行われ、実態として、指定市町村制度はあまり活用実績がない中で、指定市町村制度と、事務処理特例を比較することで、手挙げ方式による移譲の課題を明らかにすることができるためである。

　図表 1-2-1 で①❶に属する事例で、1 の農地転用許可権限等の移譲を除いた3 例のうち、軌道経営者に対する運輸開始の認可等に係る事務・権限の移譲は、2019 年に提案され、重点事項に選定され、翌年に第 10 次一括法で移譲された。一方、2 幼保連携型認定こども園以外の認定こども園の認定等の事務・権限、3 液化石油ガス販売事業者の登録等に係る事務・権限については、過去の経過もあり、長く議論されており、2 年以上にわたり重点事項に選定されている。このため、多くの資料にアクセス可能であり、関係主体の動向が外部からも詳細に観察できることから、本書の対象として分析を進める。

　さらに、①❷と①❸から 1 つずつの事例を対象とする。両者を比較しながら論じることで、事務処理特例を活用した権限移譲の可能性を分析することができると考える。また、図表 1-2-3 に①❷と①❸の事例と府省の見解を示した。①❷では、府省が一律移譲は不可だが、事務処理特例による移譲は可能としている。こうした見解が法律による一律移譲は法の趣旨に抵触するが、事務処理特例は許容するという法的な考えが背景にあるのか、都道府県と市町村、つま

図表 1-2-3　提案募集方式における権限移譲提案に対する府省の見解

	項目	府省の見解
①❷	私立幼稚園の設置認可等権限（学校教育法）	広域的な見地から配慮が必要であり一律な移譲は不可。（事務処理特例による）移譲の可否についてはケースバイケースであり、提案指定都市と府県で協議いただきたい。
	高圧ガスの製造等の許可等（コンビナート地域等に係るもの）（高圧法）	法令で移譲しない範囲については、地域の実情に応じて事務処理特例により個別に移譲することが可能であることから、必要に応じて都道府県と相談してほしい。
①❸	都市計画事業認可（都計法）	地域の利害と一定の距離を置いた第三者がチェックを行い、公平性・公正性を確保する必要があり、移譲は不可。

出典：内閣府 HP 等より筆者作成

り全国知事会と全国市長会等の利害の衝突に巻き込まれることを府省として回避しようとしているのか、さらにはコストのかかる法改正を回避しようとしているのか明確ではない。特に、高圧ガスの製造等の許可等（コンビナート地域等に係るもの）について、当該事務を規定する高圧ガス保安法では、「知事が当該都道府県の区域にわたり一体的に処理することが指定都市の長が処理することに比して適当である」として除外しているにもかかわらず、事務処理特例による対応は可能としており、文言だけをみた場合、法令の規定と矛盾しているようにも考えられる。とりわけ、対象施設が多く存在し、横浜市と川崎市の両市にまたがる京浜工業地帯でも事務処理特例による移譲がなされる方向であり、すべての指定都市で事務処理特例による移譲の可能性が生じ、法が除外規定を置いた意味が問われるといえる。事務の移譲過程の分析に加え、こうした適法性を問うことで、自治的法解釈の可能性を提示することができると考えられる。①❸の都市計画事業認可については、府省は事務処理特例に対する見解は示していないものの、収用法との比較から法定移譲は不可とされた。法的枠組みの点から法定移譲が不可とされた事務を対象として事務処理特例による移譲の適法性を分析することで、その活用の可能性を示すことができると考えられる。

　最後に、「自治体の所掌事務拡張路線」に位置づけられるものではないが、

補論として「自治体の自由度拡充路線」に位置づけられる規制緩和の事例とし
て、放課後児童健全育成事業の従うべき基準の参酌基準化を取り上げる。同事
例を取り上げる理由としては2点あり、1点目がその基準について短期間で集
権的対応と分権的対応が行われた事例であり、その過程を分析することで、提
案募集方式の可能性を明らかにできると考えるためである。実際、同事業の基
準について、2015年の子ども子育て支援新制度の導入以前は、2007年に策
定されたガイドラインや国庫補助基準があるにとどまっていた。だが、同制度
の検討過程で、質の確保が求められ、従うべき基準と参酌すべき基準が設定さ
れるなど、集権的な対応が行われた。その後、提案募集方式による地方からの
声を背景に、従うべき基準の参酌基準化という分権対応が実施された。特に、
基準が法定化された当時は民主党が政権を担っており、同党は地域主権改革を
一丁目一番地として政権運営を進めていたが、参酌基準化の検討時には自民党・
公明党の連立政権となっていた。さらに、制度には慣性が働くとされ、いった
ん導入された制度を変更するのは容易ではない。こうした中で、地域主権と反
するように、民主党政権下で新たな従うべき基準が設けられ、5年という短期
間に自民党・公明党連立政権下で参酌基準化された要因を分析していく。2点
目が新たに従うべき基準が設定され、その参酌基準化がなされた事例として該
当するのが本事例のみであるためである。実際、新たな基準の設定例をみると、
2009年の地方分権改革推進委員会第3次勧告以降創設された従うべき基準は
10年間で4つしかない[3]。さらに、提案募集方式を通じて、一括法により、
従うべき基準から標準や参酌すべき基準となった事例も第8次一括法の幼保
連携型認定こども園、第11次一括法の小規模多機能型居宅介護など、3つし
かなく、参酌基準化は本稿で取り上げる1事例に限られている。

　本書では、以上の6事例を取り上げ、第3章以降で分析を行っていく。

3　政府参考人の山野は「地方分権改革推進委員会の第三次勧告以降に従うべき基準の新設を許容し
　たものとしましては、まず、就学前の子どもに関する教育、保育等の総合的な提供の推進に関する
　法律におけます、幼保連携型認定こども園に係ります学級編制、職員及びその員数等、それから、
　介護保険法における介護医療院に係る従業者及びその員数等などがあ」り、「放課後児童クラブ以
　外のものでいいますと、三つあるというふうに承知しております」と答弁している（第198回国会
　衆議院地方創生に関する特別委員会 2019 年 4 月 25 日）。

第2章　事務処理特例の概要等と活用状況

　事務処理特例については、市町村からは使いにくいとの指摘がありつつも、2000年の制度導入後、多くの都道府県・市町村で活用され、地域の実情に応じた権限移譲につながってきている。また、地方分権改革推進委員会をはじめ、政府の委員会でも一定の評価がなされている。

　本章では、第3章以降の検討の前提として、事務処理特例の概要等を概観するとともに、指定都市を事例に取り上げながら、活用状況、その活用の要因を分析する。

1　条例による事務処理特例の概要等

1.1　条例による事務処理特例の創設経過

　2000年の分権一括法による自治法改正前は、自治法153条2項に基づき、機関委任の制度により、知事から市町村長への事務の委任という形式で、地域独自の取組が行われてきた。この場合、市町村の意思に関係なく知事の判断で市町村長に対し一方的に事務処理を行わせることが可能であり、知事には包括的な指揮監督権があった（松本2022：1352）。また同法153条3項に基づき、市町村職員に補助執行させることができた。当該規定は、1947年の自治法施行時からあり、例えば、1979年度に、都道府県の権限の市町村への移譲を実施、又は検討中であったのは25府県であった（田中1979：16）。こうした状況をとらえ「県知事権限の市町村長への委譲は、いまやまさに『ブーム』的状況を呈しつつある」ともされていた（神奈川県公務研修所1979：39）。

地方分権推進委員会の第2次勧告では「条例による事務の委託」とされ、対象は、法律又はこれに基づく政令に反しない事務に限るとされた。1998年5月29日に閣議決定された「地方分権推進計画」でも名称は変わらないが、対象は明示されなくなった。さらに、地方分権の推進を図るための関係法律の整備等に関する法律では「条例による事務処理特例」となり、この時点でも対象は明示されなかった。

最終的に、通知で、対象は「法令に明示の禁止の規定のあるもの又はその趣旨・目的等から対象とすることのできないものを除き、原則として対象とすることができる」とされた（「条例による事務処理の特例制度に係る条例の参考例等について」（平成11年9月14日付け自治行第37号自治省行政局行政課長通知））。ただし、同通知は、技術的助言であり、また法令に明示の禁止の規定のあるものなどを除くという、当然のことしか示していない。

1.2 条例による事務処理特例制度の概要

事務処理特例は、自治法252条の17の2に基づき知事の権限に属する事務の一部を、又は、地方教育行政の組織及び運営に関する法律（以下「地教行法」という。）55条に基づき都道府県教育委員会に属する事務の一部を条例の定めるところにより、市町村が処理するものであり、市町村が処理する事務は、市町村長又は教育委員会が管理し、執行することになる。

事務処理特例の制度趣旨として「地域の実情に応じて、都道府県から市町村への事務の再配分を促進し、基礎自治体である市町村の事務権限の充実を図ろうとするものであり」「中核市の要件の緩和、特例市制度の創設」と「軌を一にするもの」である。さらに「その基本にあるのは市町村優先の原則」であり、「個々の事務についてそれを処理するに足る条件を満たす市町村には、原則として一律に事務が再配分されることを想定したものである」（佐藤2000：65-69）。

また、事務処理特例で、知事等は一方的に事務処理を行わせることはできず、市町村長の同意は必要ないものの、自治法252条の17の2第2項（地教行法55条2項）に基づき、市町村の長との協議が必要となる。同意が不要な理

由として事務処理特例が「住民の身近な事務は地域の実情に即し、市町村の規模能力等に応じて、基礎的な地方公共団体である市町村に対して、可能な限り多く配分されることが望ましいとの考え方に立って設けられたものであり、個々の市町村の恣意等により、この制度の実効が決定的に左右されることとなることは必ずしも適切でないと考えられることによる」（松本 2022：1355）。

　一方、市町村が求める場合、当初、法定手続はなかったが、第 27 次地方制度調査会答申を受け、2004 年 5 月の法改正により、法 252 条の 17 の 2 第 3 項で、議会の議決を経て、市町村から知事に対し、その権限に属する事務の一部を処理することを要請できるようになった。この場合、同 4 項で、知事は速やかに協議しなければならないとされるにとどまっている[1]。こうした中で、市町村からは、都道府県と市町村が対等ではなく、使いにくい、決定権が都道府県にあり、市町村はお願いするだけといった意見も出されている[2]。

2　事務処理特例の活用状況等

2.1　事務処理特例の活用状況

　図表 2-2-1 に、事務処理特例による移譲対象法令数を示した。2000 年の制度導入以降、移譲対象法令数は最高・平均・最低ともにおよそ 2 倍に増加してきており、多くの都道府県で活用されていることがわかる。

　このうち、指定都市所在都道府県の平均をみると、全体と比較して法令数がより多くなっており、2005 年 4 月の静岡市の指定都市移行後は指定都市所在都道府県の移譲法令数が最高となっている。この要因としては、指定都市所在都道府県では、指定都市への権限移譲が多くなる傾向にあることが考えられる。

1　2015 年の提案募集では、中核市市長会が、都道府県知事への要請が皆無であり、この要因として議決という非常に高いハードルが設定されていることを指摘し、その緩和を求めた。しかしながら、最終的に現状維持となった。

2　2012 年 12 月の第 30 次地方制度調査会第 25 回専門小委員会において、全国市長会を代表した明石市長の泉房穂は、事務処理特例は「なかなか使いにくい。なぜか。それは都道府県と市町村が実質的には対等でないからであります。対等でないところで相談を申し上げても、決定権が都道府県にある以上、市としてはお願いするだけでございます。ルール化がぜひ必要だと思います」とした。

図表 2-2-1　事務処理特例による移譲対象法令数

年		00	01	02	03	06	07	08	09	10	11	12	13	14	15	16	17	18	19	20
都道府県 (a)	平均	27	30	31	32	42	48	51	55	57	60	57	58	59	60	60	60	61	62	62
	最高	63	67	73	80	114	115	115	120	122	128	120	124	126	126	128	125	126	125	128
	最低	5	7	8	8	8	8	8	10	21	24	18	15	15	15	15	15	16	16	16
うち指定都市所在 (b)	平均	35	37	40	40	59	63	64	69	71	75	71	71	73	75	76	74	74	74	74
	最高	62	67	68	67	114	115	115	120	122	128	120	124	126	126	128	125	126	125	128
	最低	17	17	18	15	15	15	15	25	25	25	18	15	15	15	15	15	16	16	16
(b) - (a)	平均	8	7	8	8	17	15	13	14	14	14	14	14	14	15	16	14	14	12	12
	最高	-1	0	-5	-13	0	0	0	0	0	0	0	0	0	0	0	0	0	0	0
	最低	12	10	10	7	7	7	7	15	4	1	0	0	0	0	0	0	0	0	0

出典：2000年から2003年は地方六団体資料、それ以外は地方行政調査会資料を用い筆者作成
注）2004年・2005年の資料は欠損

事務処理特例について、市町村からは都道府県とは対等ではなく、使いにくいといった意見が寄せられているものの、実態としての移譲対象法令数は増加しており、また、指定都市所在都道府県においてより移譲法令数が多い状況にある。

2.2　事務処理特例の活用要因

ここでは、事務処理特例の活用要因を把握するため、道府県と指定都市を事例として取り上げ分析を行う。具体的には、道府県、指定都市、それぞれの環境・財政要因や、政治的要因等が事務処理特例の活用に与える影響であり、パネルデータを用い、同制度に基づく権限移譲の推進要因を分析することで、事務処理特例がどのような場合に活用されるのか明らかにしていく。

計量分析においては、移譲対象となった法律数に着目する。法律数を分析対象とした場合、規定された事務数は法により異なるのではないかとの指摘もあり得る。ただ、事務数を分析対象としても、処理件数は異なり、権限の重要度等を勘案した分析は容易ではない。こうした中で、先行研究も踏まえ、本書では法律数を用いるとともに、法律に基づく移譲事務を事務・権限と経由事務に分類して分析を行う。経由事務は文書を受け付け、これを道府県に送付する行為であり、住民への一定のメリットはあるものの、事務・権限の移譲よりは指定都市の事務執行に与える影響は小さい。こうしたことから、両者を区分して

分析することで、重要度に応じた一定の分析が可能となる。また、都道府県内構成市町村を総体としてではなく、道府県とそれぞれの指定都市の関係としてとらえ、分析を行う。

2.2.1　要因分析の概要

　事務処理特例による権限移譲について、道府県の要因が強く影響するのか、指定都市の要因が影響しているのか、両者が影響し合っているのか、2016 年から 2020 年までのパネルデータを用いて、分析を行う。

　被説明変数としては、指定都市への移譲法律数とし、実質的な事務・権限に係る法律数と、経由事務のみの法律数の 2 つを用いる[3]。説明変数については、道府県・指定都市の財政状況を表す変数として財政力指数、実質収支比率、知事・市長の政治状況を表す変数として期数と得票率、与党比率、さらには、自民党の推薦等を受けている場合は自民支持ダミーを設けた。あわせて、一括法による都道府県、指定都市への法定移譲法律数を用いた。そして環境変数として指定都市の道府県人口や面積に占める割合を用いた[4]。こうした変数の記述統計量等は**図表 2-2-2** のとおりである。なお、財政関係は前年度のデータ

図表 2-2-2　記述統計量

	権限	経由	道府県						指定都市						面積比率	人口比率
			財政力指数	実質収支比率	知事期数	知事得票率	知事与党比率	法定移譲	財政力指数	実質収支比率	市長期数	市長得票率	市長与党比率	法定移譲		
平均	23.16	13.51	0.69	0.92	2.56	0.71	0.36	3.00	0.86	1.65	2.30	0.62	0.32	3.00	0.17	0.42
中央値	21.00	13.00	0.68	0.50	2.50	0.73	0.37	1.00	0.89	1.20	2.00	0.64	0.34	3.00	0.14	0.40
最小値	7.00	0.00	0.39	0.00	1.00	0.48	0.00	0.00	0.70	0.00	1.00	0.30	0.00	0.00	0.01	0.15
最大値	54.00	36.00	0.93	4.70	5.00	0.91	0.81	7.00	1.02	5.30	4.00	0.89	0.71	6.00	0.38	0.65
標準偏差	11.43	9.82	0.16	0.97	1.01	0.12	0.32	2.90	0.09	1.41	0.97	0.14	0.22	2.28	0.13	0.13
出典	筆者作成	筆者作成	決算統計	自治総研	『全国首長名鑑』	『全国首長名鑑』	『全国首長名鑑』	一括法資料より	決算統計	決算統計	自治総研	『全国首長名鑑』	『全国首長名鑑』	一括法資料より	全国都道府県市区町村別面積調	住民基本台帳人口より作成

出典：筆者作成

3　具体的な指定都市への移譲については、地方行財政調査会の資料、道府県の例規集や公報とともに、条例アーカイブ（https://jorei.slis.doshisha.ac.jp/）を活用し、確認を行った。
4　複数の指定都市が位置する府県については、その合計の割合を用いた。

を用い、それ以外は当該年の4月時点のものを用いた。

　当該モデルで想定される符号について、道府県の権限移譲は行政改革の一環として進められることも多く、財政が厳しいほど移譲を進めると考えられることから、道府県の財政力指数等についてはマイナス、指定都市は逆にプラスになると想定する。また、安定した知事・市長ほど権限移譲を進めると考えられるため、期数と得票率、与党比率、自民支持はプラスになると想定される。さらに、指定都市へ法律での移譲が進めば、事務処理特例による移譲は減少することからマイナス、道府県への移譲は地域の実情に応じた事務処理特例による移譲の可能性が増えることから、プラスになると考えられる。

　環境変数として、道府県に占める人口等については、割合が小さい場合には、他の自治体に回せる財源が増えるという主張がなされることが多いという先行研究からは、道府県の状況が優先され、小さいほど移譲法律数が増え、マイナスになると考えられる。

2.2.2　分析結果

　分析の結果を**図表2-2-3**に示した[5]。

　財政関係については、事務・権限、経由事務ともに、市財政力指数とはプラスの関係となったものの、他の財政関係指標で有意なものはみられなかった。人口比率、面積比率について、事務・権限はマイナスであったが、経由事務は有意な値を得ることはできなかった。一方、一括法による法定移譲法律数について、道府県はプラスとなったものの、指定都市への移譲数は事務・権限でのみマイナスとなった。

　こうした結果からは、財政状況に関して、道府県と指定都市では、先行研究のように道府県の状況が優先されるものではなく、指定都市側の財政状況が影響していることがうかがわれ、必ずしも道府県主導といったものではないことが指摘できる。

　また、道府県での人口比率や面積比率が小さい場合にはより指定都市に移譲が行われる傾向にあることも指摘でき、割合の小さい場合には、他の市町村に

5　F検定の結果、Poolingモデルよりも固定効果モデルのほうが、Hausman検定の結果、randomモデルよりも固定効果モデルのほうが適当との結論のため、固定効果モデルによる推計を行っている。

図表 2-2-3　分析結果

		事務・権限（固定効果）			経由（固定効果）		
		係数	P値		係数	P値	
道府県	財政力指数	-15.299	0.295		2.623	0.683	
	実質収支比率	0.245	0.310		0.024	0.822	
	知事期数	-0.014	0.928		0.070	0.290	
	知事得票率	-0.611	0.713		-1.733	0.021	＊
	知事与党比率	1.217	0.223		-0.263	0.549	
	知事自民支持	-0.088	0.903		0.475	0.138	
	法定移譲数	0.372	0.000	＊＊	0.105	0.000	＊＊
指定都市	財政力指数	29.582	0.011	＊	13.501	0.008	＊＊
	実質収支比率	-0.012	0.960		0.159	0.125	
	市長期数	-0.345	0.046	＊	0.018	0.805	
	市長得票率	0.456	0.606		0.554	0.159	
	市長与党比率	-1.583	0.167		-1.021	0.046	＊
	市長自民支持	-0.052	0.901		-0.217	0.239	
	法定移譲数	-0.496	0.000	＊＊	-0.007	0.880	
指定都市人口比率		-28010.000	0.000	＊＊	2539.100	0.284	
指定都市面積比率		-234.000	0.009	＊＊	36.536	0.342	
調整済決定係数		0.657			0.195		

出典：筆者作成

注）＊は5％水準、＊＊は1％水準で有意なものを示す

　道府県が注力するため、権限移譲を進めているとも推測される。この点では、道府県の状況が優先されているともいえよう。さらに、一括法により、指定都市への法定移譲が進むことで事務処理特例は減少するとともに、道府県に移譲された場合でも、道府県は状況に応じて事務処理特例により指定都市へ移譲を進めることが指摘できる。

　このように、道府県と指定都市の間においては、両者の立場が交差しながら、事務処理特例が活用されており、必ずしも都道府県の主導とはいえない状況にあるといえる。

第3章 手挙げ方式による農地法等の指定市町村制度の導入決定過程と不活用の要因

　農地転用許可権限等の市町村への移譲は、2000年の分権改革では実現しなかったが、農地・農村部会の検討を経て、手挙げ方式による指定市町村制度として移譲が可能となった。同制度は、地方六団体が高く評価していたにもかかわらず、2022年3月31日時点の指定数をみると、64団体にとどまり、それほど増えていない。一方、事務処理特例による農地転用の許可権限等の移譲も行われてきており、2022年4月現在600に及ぶ団体に移譲されている。農林水産省は、農地・農村部会で、事務処理特例について「自治法に基づき、県の判断で市町村との間の合意で事務処理を移譲しているものであり、国から物を申すことはできない仕組みになっている」(1)とし、自治法に基づく県と市町村の協議による移譲を消極的ながら認めざるを得ない立場をとっていた。

　本章では、手挙げ方式として農地法等の指定市町村制度を取り上げ、その実現に至った要因とともに、事務処理特例と同制度を比較しながら、活用されない要因を分析していく。

1　指定市町村制度の概要等と検討の視点

　農地制度は、農地転用許可をはじめ、わが国の岩盤規制の1つとされてきた。2000年の分権改革では、都市計画決定の一部など、都計法の権限が市町村に

1　第11回農地・農村部会　議事概要。

移譲されたのに対して、農地転用許可はその一部が都道府県に移譲されたのみ
であった。農地制度に係る分権改革は、その後も、何度か改革の俎上に上がっ
てきては、本来は国の役割である食糧の安定供給の確保の観点から、市町村へ
の移譲に消極的な農林水産省の反対にあい、進展をみなかった。このように、
農地制度は「1990 年代半ば地方分権改革の重要な争点として登場してからほ
ぼ 20 年になるが、自治体側からの強い要請にもかかわらず、国（農水省）の
許可権限や国の関与形式が残されてきた」（北原 2016：81）。

　こうした中で、2016 年には、申請を行い、指定を受けた市町村には農地法
の農地転用の許可権限の全て（4ha 超は農林水産大臣との協議が必要。）、さら
には、「農業振興地域の整備に関する法律」（以下「農振法」という。）の開発
許可権限が移譲されるに至った。この対応について、地方六団体は「これまで
の地方分権改革の取組みの中で特筆すべき決断」と評価している[2]。また、
20 年以上にわたり、課題とされてきた農地転用の権限移譲を前向きにとらえ
る指摘も多い（上林 2015：61、岩﨑 2015：45）。

　一方、こうした指定市町村制度の導入以前から、事務処理特例により、市町
村には権限が移譲されてきており、地方六団体の評価にもかかわらず、指定市
町村はそれほど増加せず、むしろ事務処理特例に基づき権限移譲された市町村
も増えてきている。

　本章では、こうした手挙げ方式を採用し、市町村が権限移譲を受ける際に目
標設定を行い、毎年その達成状況を報告する必要がある、いわば「目標管理型
権限移譲」[3]ともいえる農地法、農振法に基づく指定市町村制度を分析対象と
しており、その視点は次のとおりである。

　1 つ目が「目標管理型権限移譲」として農地法等の指定市町村制度が創設さ
れた要因である。岩盤規制の 1 つとされた農地制度について、20 年以上にわ
たる過去の経過が存在する中で、地方六団体、内閣府地方分権改革推進室と農

2　2015 年 1 月 30 日の『「平成 26（2014）年の地方からの提案等に関する対応方針」の閣議決定を受
　けて』。
3　礒崎 2021a の「目標管理型統制システム」の指摘を踏まえ、「目標管理型権限移譲」という用語を
　用いた。

地・農村部会、農林水産省の間で、どのように議論が行われ、当該権限の移譲に取り組まれたのか、地方創生の動向も踏まえながら、「目標管理型権限移譲」となった過程について検証していく。

　2つ目が農地法等の指定市町村制度の活用が進まない理由である。政策が自治体間で波及し、普及が進むことがいわれている（伊藤2002）。手挙げ方式では、当初は権限移譲が進まないとしても、「『政治家としての首長』の思考パターンを考慮した場合、"隣の自治体が手を挙げて移譲された権限を生かしているのに、自分のところは手を上げないままというのはあり得ない"と考える首長が多いように思われ」る（嶋田2014b：44）。この指摘を踏まえれば、最終的に、すべての自治体に権限が移譲されることになろう。こうした中でも、実態として活用が進まない理由を分析していく。

2　農地・農村部会による検討等

2.1　地方分権改革推進委員会による検討等

　2008年5月の地方分権改革推進委員会の第1次勧告では、「将来にわたって国民の食料を安定的に供給するため、平成20（2008）年度内に予定されている農業振興地域（以下「農振地域」という。）制度及び農地制度の改革において、農地及び優良農地の総量を確保する新たな仕組みを構築したうえで」「農地転用に係る国の許可権限を都道府県に移譲するとともに、国との協議を廃止する」、「都道府県の許可権限（権利移動及び2ha以下の転用）を市に移譲する」、「都道府県が定める方針に係る国との同意を要する協議については、同意を廃止する」とされた。2008年6月20日に、政府の地方分権改革推進本部が決定した地方分権改革推進要綱でも「第1次勧告の方向により検討を行う」とされたものの、2009年12月15日に閣議決定された地方分権改革推進計画には盛り込まれなかった。むしろ、2009年の法改正で、農地法にはそれまで不要だった学校、病院等の公共転用に協議制を導入し、農振法では農用地区域の除外基準を厳格化するなど、自治体の裁量を限定する方向で改正が行われる。

　ただし、この2009年の改正農地法等の附則で5年以内の見直し規定が設け

られ、当該規定が検討の契機となっていく。

2.2　地方分権改革有識者会議　農地・農村部会による検討と政府の地方創生の取組

　公開の農地・農村部会では農地法、農振法の改正についての農林水産省の妥協を導き出すことができず、大臣間の政治決着にゆだねられ、その過程は外部から観察しにくいものとなった。こうした経過を**図表 3-2-1** に示した。

　2013 年 10 月 29 日には、農地法等の附則の見直し規定も踏まえ、有識者会議に設置された農地・農村部会の第 1 回の会議が開催され、そこで農地転用許可等の権限移譲について議論がなされていく。

　自治体側の要望は、当初、地域の実情に応じて、規制を弾力化し、自分たち

図表 3-2-1　農地・農村部会等による主な検討経過①

	内容
2013 年 7 月 9 日	全国知事会の「地方分権改革の推進について」
2013 年 7 月 10 日	全国市長会の「地域の元気創造・活性化のために～地域が元気になるための権限移譲、義務付け・枠付けの見直し～」（①農地転用許可権限の市への移譲、②農振地域の指定・変更等権限の市への移譲、③農用地利用計画に係る都道府県との同意・協議の廃止など）
2013 年 10 月 2 日	地方三団体　農地制度に係る支障事例等について
2013 年 10 月 29 日	第 1 回農地・農村部会 関係者ヒアリング（農林水産省、三重県知事、三条市長、松前町長、相模原市長）
2013 年 11 月 28 日	農地・農村部会とりまとめ ①農業の六次産業化の推進、②再生可能エネルギーの利活用の促進、③集落の維持等農業・農村の活性化
2013 年 12 月 20 日	事務・権限の移譲等に関する見直し方針について（閣議決定） 農地の確保のための施策の在り方等とともに、農地転用事務の実施主体や国の関与等の在り方について検討を行い、その結果に基づいて必要な措置を講ずる
2014 年 2 月 13 日	第 1 回地方自治確立対策協議会 地方分権改革推進本部の農地制度のあり方に関するプロジェクトチーム
2014 年 5 月 8 日	日本創成会議・人口減少問題検討分科会 成長を続ける 21 世紀のために「ストップ少子化・地方元気戦略」
2014 年 7 月 1 日	農地制度のあり方について（農地制度のあり方に関するプロジェクトチーム）
2014 年 9 月 3 日	まち・ひと・しごと創生本部設置
2014 年 9 月 30 日	第 11 回農地・農村部会 農林水産省は権限移譲に否定的な立場を主張
2014 年 10 月 21 日	国と地方の協議の場　農地転用許可権限等の移譲について意見あり
2014 年 10 月 28 日	第 12 回農地・農村部会 農林水産省は権限移譲に否定的な立場を主張
2015 年 1 月 26 日	農林水産省が譲歩し、権限移譲の方向性が決定
2015 年 1 月 29 日	第 13 回農地・農村部会　権限移譲の報告

出典：内閣府 HP 等から筆者作成

の裁量で農地転用、そして農用地区域等の変更ができるように権限移譲を求めるものであった。たとえば、2013年7月10日の全国市長会の「地域の元気創造・活性化のために〜地域が元気になるための権限移譲、義務付け・枠付けの見直し〜」では、①農地転用許可権限の市への移譲、②農振地域の指定・変更等権限の市への移譲、③農用地利用計画に係る都道府県との同意・協議の廃止が掲げられていた。その効果としては「農業と工業、市街地のバランスある地域独自の土地利用が促進されるとともに、生産性の高い農業と産業の集積による地域振興を図ることができる」、「企業誘致による自主財源の確保等、地域経済の活性化を図る」とされ、地域独自の土地利用という規制緩和の側面が打ち出されていた。同月9日の全国知事会の「地方分権改革の推進について」にも「スピードを重視する企業のニーズに対応」といった文言が盛り込まれていた。こうした全国知事会や全国市長会の提案を踏まえ、10月2日に公表された地方三団体の「農地制度に係る支障事例について」も同様な内容であった。

　第1回の農地・農村部会においても、地域の実情に応じた農振地域の除外による開発等の必要性が松前町長や相模原市長から主張される。一方、農林水産省は、「改正農地法の附則において、農地確保と地方分権の両方を考えていかなくてはいけないと明記されている」とする。この食料の安定供給のための農地確保というマクロの問題と、地域の実情に応じた政策運営というミクロの2つの軸の中で議論が進められていくことになり、農振地域の除外等の規制緩和という側面が後退していく。

　実際、第1回から第3回の農地・農村部会の議題は、「農地転用に係る事務・権限の移譲関係」及び「農地転用等に係る規制緩和関係」であり、2013年11月に農地・農村部会報告書を取りまとめている。その中では、当面、措置を講じるべき事項として、①農業の六次産業化の推進、②再生可能エネルギーの利活用の促進、③集落の維持等農業・農村の活性化を掲げるにとどまった。

　この農地・農村部会の報告書を踏まえ、2013年12月に閣議決定された「事務・権限の移譲等に関する見直し方針について（以下「見直し方針」という。）」では、農地法等は「地方分権の観点及び農地の確保の観点から、農地の確保のための施策の在り方等とともに、農地転用事務の実施主体や国の関与等の在り

方について検討を行い、その結果に基づいて必要な措置を講ずるものとする」
とされた。また、報告書のとおり、①から③の規制緩和について要件を明確化
するとされる。その後も、2014年5月の第4回の部会で、「農地転用等に係
る事務・権限の移譲関係」及び「農地の確保のための施策の在り方関係」が主
な項目とされる。

　こうした状況下で、地方六団体の地方自治確立対策協議会は、2014年1月
23日に地方分権改革推進本部に農地制度のあり方に関するプロジェクトチー
ムを設置し、2014年2月13日に第1回の会議を開催する。配布資料の「農
地制度のあり方についての論点イメージ（たたき台）」でも、農地の確保の視
点が明確に位置づけられ、当初のような規制緩和による企業誘致といった視点
は外れていく。佐賀県知事の提出資料では「これまで六団体として知見が不足
している『農地の確保』について、特に、ワーキンググループにおいて、実務
的な検討を深めるべきである」とされる。そして、2014年7月に報告が取り
まとめられる。この中では、農地制度のあり方の見直しの方向性として「農地
の総量確保（マクロ管理）については、地方が農地の確保の責任を国と共有す
ることを基本としたうえで、目標管理の実効性を確保するため、地方が主体的
に農地確保の目標を設定して、その管理も行うようにし、目標達成のための施
策にも取り組むようにすることを見直しの方向性とするべき」とする。「その
上で、個々の農地転用の許可や農用地区域の設定（ミクロ管理）については、
総合的な土地利用行政の観点から、市町村がその執行を担う仕組みにするべき
である」との提言を行う（農地制度のあり方に関するプロジェクトチーム
2014：6）。

　このように、当初地方が期待していた規制緩和という視点は、農業の六次産
業化、再生可能エネルギーの活用など、非常に限定的となり、規制はそのまま
にしながら、市町村へ権限を移譲するため、マクロ管理については地方も主体
的に農地確保の目標を設定し、ミクロの取組をどのように行うかという形で議
論が進められていく。こうした進め方は地方が市町村への権限移譲を優先した
ためであるとも考えられる。

　こうした方向性、さらには内閣府地方分権改革推進室と農地・農村部会、地

方六団体が一致して取組を進めたにもかかわらず、農林水産省の市町村への不信は強く、権限移譲には反対の姿勢を崩さず、拒否権を行使し続ける。2014年9月の第11回農地・農村部会では、「地方側が市町村への権限移譲を強く求めたのに対し、農水省は優良農地を確保する観点などから『適切ではない』との反対の立場を崩さず、双方の隔たりの大きさが浮き彫りになった」[4]。

一方、2014年5月に出された増田レポートで消滅可能性都市の存在が指摘されたことの影響は大きかった（増田ほか2014）。2015年に統一地方選挙が予定されていたため、地方創生が政権の重要なアジェンダの1つとして掲げられていく。6月には、内閣総理大臣の安倍晋三が「地方創生本部」を設置することを明らかにし、自ら本部長に就任する考えを示す[5]。9月には、内閣総理大臣をトップとするまち・ひと・しごと創生本部が設置され、9月29日の国会の所信表明演説では臨時国会を「地方創生国会」と位置づけ、「これまでと次元の異なる大胆な政策を取りまとめ、実行してまいります」と表明する。

10月21日の国と地方の協議の場で、地方六団体側からは農地法の権限移譲に関する意見が相次いだが、安倍は「地方の皆様から、農地関係をはじめ、多岐に亘る提案を多数頂いています。有識者会議の議論を踏まえ、検討を深め、今後、提案の最大限の実現に向けて取り組んでいく決意であります」と発言する。しかしながら、10月28日に開催された第12回農地・農村部会で、農林水産省は依然として市町村への移譲に反対の態度を崩さない。これ以降、調整は部会以外の場で行われることになり、1月26日の決着後、1月29日にようやく第13回部会が開催され、報告される。なお、この部会の議事概要は非常に簡単なものとなっており、外部からその議論を窺い知ることはできない。

2.3　地方創生の取組と大臣間での交渉による決定

10月末、地方創生担当大臣の石破茂は「雇用創出や地方移住など具体的なテーマを示した各省庁に調整を指示」し、「その検討項目の中に農地転用許可

4　2014年9月30日官庁速報。
5　2014年6月14日官庁速報。
6　2014年11月18日日本農業新聞。

制度への対応を盛り込んだ」。会見でも、「政権の看板である『地方創生』の目玉の一つにしたい思惑をにじませた」(6)。そして、11月のまち・ひと・しごと創生法の一部施行、12月の同法に基づく「まち・ひと・しごと創生総合戦略」の閣議決定など、地方創生の取組が進められていく。同法の成立過程をみると、安倍は、11月19日に11月21日の衆議院解散を表明したこともあり、「野党側は解散表明後の審議に難色を示し、野党側の出席がないまま審議が開かれ」、解散日の11月21日に成立しており、「衆議院が解散される中で『駆け込み』的に成立にこぎつけられている」（其田2015：48・49）。その後の衆院選の自民党の選挙公約でも、地方創生が大きく掲げられ、農地転用許可権限等の移譲がクローズアップされていく。

　12月14日の衆議院議員総選挙では、現状維持を望む有権者の支持を得て、自民党が大勝した(7)。

　年明けの検討経過を**図表3-2-2**に示した。2015年1月9日の国と地方の協議の場で、石破は「農地転用事務につきまして、地方六団体から御提言を頂くなど、権限移譲に対する強い御要望があるということはよく承知をいたしている」と発言する。さらに1月15日の第14回有識者会議でも、石破は「更に大詰めの調整を行っている」とし、農地転用に係る事務についての判断は示さ

図表3-2-2　農地・農村部会等による主な検討経過②

	内容
2015年1月9日	国と地方の協議の場　農地転用許可権限等の移譲について意見あり
2015年1月15日	第14回有識者会議
2015年1月26日	農林水産省が譲歩し、権限移譲の方向性が決定
2015年1月29日	第13回農地・農村部会　権限移譲の報告
2015年1月30日	平成26（2014）年の地方からの提案等に関する対応方針 農地転用許可等の権限移譲が決定
2015年6月26日	第5次一括法公布
2015年8月17日	第1回農地転用許可権限に係る指定市町村の指定基準等に関する検討会
2015年11月10日	第3回農地転用許可権限に係る指定市町村の指定基準等に関する検討会

出典：内閣府HP等から筆者作成

7　自民は291議席、公明党が35議席で、3分の2以上を確保し、大勝したが、竹中治堅は、有権者は現状維持を望んだものであり、消極的支持の結果であったとしている。
　https://www.nippon.com/ja/currents/d00158/　（2021年10月9日閲覧）

れない。

　最終的に 1 月 26 日に農林水産省が譲歩する形で決着し、1 月 30 日に閣議決定の「平成 26（2014）年の地方からの提案等に関する対応方針」に盛り込まれる。この中では、農地転用許可制度等を基準に従って適正に運用し、優良農地を確保する目標を立てるなどの要件を満たしているものとして、農林水産大臣が指定する市町村の長に都道府県知事と同様の権限が移譲されることになった。この間の交渉で「農水省は『名を捨てて実を取る』戦略に転換」し、農林水産大臣の西川公也と、石破が折衝を重ね、「権限を与えた市町村が不適切な許可をすれば農水省が指定を取消せるなどの『歯止め策』を設けることで折り合った」[(8)]。

　そして、第 5 次一括法として国会に提案され、成立し、2015 年 6 月 26 日に公布される。その後、具体的な指定の基準について農地転用許可権限に係る指定市町村の指定基準等に関する検討会で検討が行われる。この第 1 回会議では、第 5 次一括法の公布後にもかかわらず、対象を限定的に捉え、さらには、指定に当たり、一定の裁量を残していく方向で提案がなされ、こうした事務局の説明に対して委員から「市町村に対する嫌がらせを言っている」「（農林水産省は）我々町村を余り信頼していない」などの意見が出される。一定の対応がなされ、第 3 回の会議でとりまとめがなされ、最終的に、①優良農地を確保する目標を定めること、②農地転用許可等を許可基準に従って適正に運用すると認められること、③農地転用許可制度等に係る事務処理体制が整っていると認められることが基準として設定された。ただし、指定に当たっては、詳細な事項をクリアーする必要もあり、容易でない。特に、②については、過去 5 年間の行為のうち、農地における市町村の道路、公園等の公共施設（農地転用許可を要する学校、社会福祉施設、病院、庁舎及び宿舎を除く。）の設置に係

8　2015 年 1 月 27 日東奥日報。
　　この点について、「農地転用の権限移譲を実現させて、政府全体で分権を進める姿勢のシンボルにしたかったのだろう。うまく舞台装置を作られてしまった」（2015 年 1 月 27 日東奥日報）、「他省庁の（『岩盤』といわれてきた）規制のとりではほとんど落ちてしまって、農地転用だけが天守閣のように目立ってしまっていた。分権は時代の流れで、しょうがないんでしょうね」と（2015 年 3 月 16 日官庁速報）、仕方ないとのトーンが中心となった。

る行為が、施設の公益性を考慮してもなお、土地の農業上の利用の確保の観点
から著しく適正を欠いていると認められるものでないことなど、本来自治体が
独自の判断でできるものについて、農林水産省が適正であるか否かを判断し、
指定を行うなど、対等・協力とされる国と地方の関係において妥当であるか疑
問が残るといえるのである。

　このように、拒否権を行使していた農林水産省が地方創生という流れの中で
拒否できない状態に追い込まれ、府省として、より自らの主張に沿うように妥
協点を見出しながら制度構築を主導した結果、「目標管理型権限移譲」ともい
える指定市町村制度の導入に至ったと考えられる。

2.4　小括

　地方は、検討の早い段階から、食料の安定供給のための農地確保というマク
ロ管理の視点も共有し、農地確保の目標を主体的に設定しながら、ミクロの管
理を移譲していくという考えを提示した。内閣府地方分権改革推進室と農地・
農村部会は地方六団体の意向を踏まえ、議論を進めたものの、農林水産省は市
町村への移譲に反対の姿勢を崩さず、拒否権を行使し続けた。しかしながら、
地方創生会議が消滅可能性都市ということを打ち出し、地方創生が政治的に大
きなアジェンダとなっていく中で、拒否権を行使し続けることができず、大臣
間の政治折衝を経て、指定市町村制度という形で、積年の課題であった農地転
用許可権限等の市町村への移譲が実現された。

　この一方で、権限移譲という成果を優先するがあまり、農林水産省が制度構
築を主導し、市町村が主体的に農地確保の目標を設定し、大臣が指定を取消せ
る「目標管理型権限移譲」として実現したのであり、当初の自治体側の意向と
は異なるものとなったといえる。

　こうした「目標管理型権限移譲」となったことについて、「農水省は分権化
への危惧を持っており、農地管理が適正に行われることを担保するための手段
として指定市町村を設けた」ものの、「自治事務を処理する市町村の資格を審
査するという制度はやはり問題」であり、「国の関与が組み込まれた分権とも
いえる」。この点で、「都道府県が独自に事務処理特例制度によるなどして市町

村に事務移譲するのが妥当ではなかろうか」との指摘もなされている（北原 2019：80-81）。

3 指定市町村制度と事務処理特例

3.1 農振法・農地法の規制の概要

農地に係る法規制としては、農林水産省所管の農地法に基づく農地転用許可や、農振法に基づく農用地等のゾーニングがある。

3.1.1 農振法の概要

農振法の規定する農林水産大臣による「農用地等の確保等に関する基本指針（以下「指針」という。）」、都道府県が定める「農業振興地域整備方針（以下「方針」という。）」、市町村が定める「農業振興地域整備計画（以下「整備計画」という。）」の関係を**図表3-3-1**に示した。このうち、指針は2000年3月の

図表3-3-1 農振法の概要

農林水産大臣	農用地等の確保等に関する基本指針（農振法3の2） ①確保すべき農用地等の面積の目標 ②都道府県において確保すべき農用地等の面積の目標の設定の基準に関する事項 ③農業振興地域の指定の基準に関する事項　など

基づく　　同意付き協議（①目標、②農振地域の指定等）

都道府県知事	農業振興地域整備方針（農振法4） ①確保すべき農用地等の面積の目標など ②農業振興地域として指定することを相当とする地域の位置及び規模など

①の達成状況に関する資料の提出（農振法5の2）

適合　　同意付き協議（①農用地利用計画等）

市町村	農業振興地域整備計画（農振法8） ①農用地区域及びその区域内にある土地の農業上の用途区分（農用地利用計画） ②農業生産の基盤の整備及び開発に関する事項など

出典：筆者作成

改正法の施行により創設されたものである。あわせて、通達の廃止に伴い、その内容が法令に定められるようになり、規律密度が高まった。一方、2000年4月には、分権一括法により、整備計画の策定に当たっての知事の認可が同意付き協議となり、また、事務の多くが自治事務となった。

　方針は指針に基づく必要があり、整備計画は方針への適合が求められ、知事は方針で農振地域を定め、市町村は整備計画で農用地を定めることになる。このうち、方針の①確保すべき農用地等の面積の目標、②農振地域として指定することを相当とする地域の位置及び規模、整備計画の①農用地利用計画の変更等については大臣や知事の同意付きの協議が必要となる。さらに、方針の確保すべき農用地等の面積の目標は、2009年12月の改正農振法の施行により導入されたもので、知事には、毎年の達成状況の資料の提出が求められる。特に、目標を達成できない場合の是正の要求など、国による目標管理の側面が強化されていく。是正の要求に係る農振法5条の3では、是正の要求が可能なものとして、「提出を受けた資料により把握した目標の達成状況が著しく不十分であると認める場合において」「都道府県知事の事務の処理が農用地等の確保に支障を生じさせていることが明らかである」場合を挙げている。一方、自治法では基本原則として関与を最小限とし、自治体の自主性や自律性に配慮することを規定したうえで、是正の要求は「法令の規定に違反していると認めるとき、又は著しく適正を欠き、かつ、明らかに公益を害していると認めるとき」に行うとされている。こうした自治法の規定にかんがみれば、自治事務として策定した方針に基づく目標の達成状況が当該要件に適合する場合は通常考えられない。農振法の規定は一般法である自治法に比して厳しい内容となっており、妥当性について課題があると考えられる[9]。

　そして、この方針の達成状況について、資料提出により効果検証がなされている点をとらえると、「目標管理型統制システム」が導入されていると理解す

9　同様の規定を有する法律として、「地教行法」「土砂災害警戒区域等における土砂災害防止対策の推進に関する法律」などがある。前者では、「法令の規定に違反するものがある場合又は当該事務の管理及び執行を怠るものがある場合において、児童、生徒等の教育を受ける機会が妨げられていることその他の教育を受ける権利が侵害されていることが明らかである」など法令違反も含めた内容となっており、農振法の規定とは異なっている。

ることもできる。

　こうした農振法の解釈について、我孫子市農用地利用計画不同意事件に係る
自治紛争処理委員の勧告等をもとに、①指針、方針、整備計画の関係、②知事
の同意基準、③整備計画（農用地利用計画）の変更基準についてみていく。①
について、勧告は「農用地の確保に関する国の基本的な考え方（基本指針）を
都道府県の基本方針を通じて市町村の整備計画にまで反映する必要がある」と
する（自治紛争処理委員 2010：17）。自治紛争処理委員を務めた宇賀は「方
針は、国が示した技術的助言とは、性質を異にし、指針⇒方針⇒整備計画とトッ
プダウン型の計画間調整が法制度上、導入されている」とする（宇賀 2010：
77）。つまり、それぞれの計画は上位計画に拘束されることになる。

　②の同意基準について、勧告は「都道府県知事は、農用地の確保に関する制
度及び国の基本的な考え方（基本指針）を基礎として同意又は不同意の判断を
行うこととなるものと解するのが相当」であり、「農用地の確保に関する制度
として、本件同意制度において都道府県知事が行う同意又は不同意の判断基準
に含まれるものと認められる」とする（自治紛争処理委員 2010：17）。この
点について「農用地利用計画の変更（農用地区域の除外）によって都道府県全
体の農用地面積の目標が実現できないと認められる場合」などは「同意しない
ことが考えられ」る。一方、「当該農地の集団性」など、「即地的・個別的な事
項は、市町村として十分な配慮が必要であるものの、通常は広域的な施策方針
との調整を図るために必要な事項ではないし、少なくともその実施に『著しく
支障が生じる』事務とは認められない」ため、「これらの事項を包括的に同意
の基準とすることはできず、これに違反して同意の基準を定めている場合は、
地方自治法及び農振法に反して違法になると解される」との指摘もある（礒崎
2011：41-42）。

　③の基準について、勧告は「ある土地が同項各号が定める農用地利用計画の
基準に該当する場合には、市町村は、当該土地を農用地区域として農用地利用
計画を定めなければならないと解するのが相当である」として（自治紛争処理
委員 2010：18）、農振法 10 条 3 項の農用地の指定基準は覇束なものとされて
いる。一方、礒崎は（農振法 10 条等の規定は）「市町村の広範な裁量の存在

を前提として、市町村が策定・変更に当たり基本とすべき指針あるいは個別事情による例外的判断を許容する基準と解すべき」であり、「個々の規定の字句・数値に過度にとらわれず、地域の状況を踏まえた目的論的な解釈が求められる」とする（礒崎 2011：37-39）。

　このように勧告と異なる見解も示されているが、実態として農振法の計画間関係において市町村の裁量は小さい。法の枠組としては「意外に分権的」との評価もあるが（礒崎 2021b：78）、実態として農振地域の指定等を地域で弾力的に運用するのは容易ではない。

3.1.2　農地法の農地転用許可の概要

　図表 3-3-2 に、農振法・都計法に基づくゾーニングと農地転用許可の関係等を示した。ここでは主として線引き都市計画区域を対象に論じていく。農地転用許可は、農振法に基づく農用地区域と農振白地地域、都計法に基づく線引き都市計画区域の市街化区域、市街化調整区域といったゾーニングにより対応が異なってくる。具体的には①農用地区域、②農用地区域と市街化区域を除く区域（③を除く。）、③②のうち、市街化調整区域内の集団的農地等、④市街化区域内農地に区分される。

図表 3-3-2　農振法・都計法に基づく規制と農地転用許可の関係等

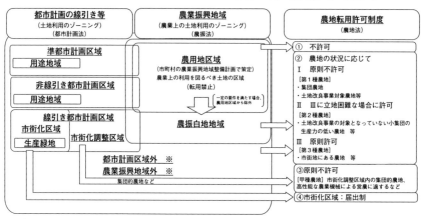

出典：国土交通省 HP 資料などを基に筆者作成

①は農地転用不許可、②は第1種農地から第3種農地までに区分され、1種は原則不許可だが、2種、3種となるにしたがって、許可が可能な場合が出てくる。さらに、③も原則不許可である一方、④は届出となっている。

こうした農地転用の規制は、法令の規律密度が高く、農地法のみならず、政省令にも詳細に定められ、農業関係施設の立地など転用が認められる場合は限定的となっている。

このように農振法・都計法のゾーニングをもとに、農地転用許可が運用され、市街化区域を除き、農地の転用は容易ではなくなっている。

3.2 指定市町村制度の概要と事務処理特例

指定市町村では一律に同様な事務が市町村に移譲されるのに対して、事務処理特例の場合、都道府県により対応が異なっている。農地法の指定市町村では、農地転用許可をはじめ、違反転用に係る処分など、関連する権限が移譲され、農振法では、農用地区域における開発行為の許可権限等が移譲される。

一方、事務処理特例について、農地法では富山県、石川県、京都府、兵庫県、福岡県のように、農地転用許可の権限を移譲していない団体がある一方、大阪府では大臣協議が必要で、法定受託事務となる4ha超も移譲している。また、農振法でも権限移譲していない団体がある一方、広島県では農振地域の指定権限も移譲している。このように、事務処理特例では都道府県ごとに対応が異なっており、自ら事務を執行する意向を強くもっている場合、市町村への移譲は行われない。こうした場合、その代替手段として指定市町村制度を活用することも可能である。

ただし、権限移譲されても、農地法の規律密度が高く、農地転用が認められる場合は限定的であるし、農振法についても農用地が除外されなければ例外的にしか開発行為は認められないため、実態として対象事案はそれほど発生しない。一方、基礎自治体である市町村で、立入調査や違反転用に対する処分が可能となることによって、農地の適正利用が促される側面もあると考えられる。

移譲手続について、指定市町村では要件を満たしたうえで、大臣に申請を行い、指定を受け、事務処理特例では都道府県が条例を制定し、移譲することに

なる。

　移譲後に、指定市町村制度では、指定申請時の目標の達成状況とともに、事務処理の状況についての農林水産大臣への報告が義務付けられる。事務処理特例ではこうした規定はない。さらに、是正の要求について、指定市町村では農林水産大臣が行うことになるが、事務処理特例は「都道府県の判断に基づき、市町村が処理するものであることから」(松本 2022：1368)、本来大臣の指示がない場合、行うことのできない自治事務に関する是正の要求も認められるなど、特則が設けられている。

　そして、財政措置については、指定市町村が農地転用許可について、特別交付税措置がなされる一方、事務処理特例でも都道府県がそれぞれ権限移譲交付金を交付するなどの取組を行っている。両者は、財政力に関係なく、交付されるという点では共通だが、移譲事務交付金の場合、都道府県によっては初年度には引継ぎの費用を算入するなど、より市町村の実態に即した対応も行われている。

　このように制度的な側面をみると、事務処理特例は都道府県による支援がなされる一方、指定市町村制度は農林水産省の関与が大きいものとなっている。

　こうした制度に対する市町村の意識について、地方六団体の調査(地方六団体 2019)で、指定のメリットが「とても大きい」又は「どちらかといえば大きい」を選択した 28 の指定市町村の状況を**図表 3-3-3** に示した。過去に事務処理特例で権限の移譲を受けていた市町村については、11 団体が「既に事務処理特例で権限移譲されていたので、大きな変化はない」と回答し、「許可までに要する時間が短縮した」とするものは 1 団体にとどまっている。具体的な課題として権限移譲交付金と比較して財政措置がない、少ないことが挙げられている。

　さらに、「指定市町村となることを検討中」又は「予定はない」と回答した 1,479 団体が指定市町村となるうえでの課題として挙げたものは、職員の配置要件を満たすのが難しい(710 件)、事務処理特例の移譲を受けていないためノウハウ不足(406 件)、行使する場面が限られる(371 件)、既に事務処理特例で権限移譲を受けており、変化がない(240 件)、目標を定めるノウハウが

図表 3-3-3　指定市町村となったことによる具体的な効果

具体的な効果	過去に事務処理特例で権限の移譲を受けていた市町村の回答	過去に事務処理特例で権限の移譲を受けていない市町村の回答	計
既に事務処理特例で権限移譲されていたので、大きな変化はない。	11 件	0 件	11 件
農地法第 4 条第 1 項ただし書きに基づき指定市町村が行う公共事業等については、収用事業の対象ではない場合も転用許可が不要であるため、当該事業を従来より円滑に実施できた。	7 件	2 件	9 件
許可までに要する時間が短縮した。	1 件	7 件（※1）	8 件
事務手続きが簡略化された。	4 件	3 件	7 件
許可の基準が明確化した。	1 件	0 件	1 件
その他	0 件	3 件	3 件

（※複数選択可）

（※1 具体的な短縮期間：「6 週間→4 週間」「1 カ月→2 週間」「4 週間→2 週間」「40 日→25 日」「20 日程度短縮」「10 日程度短縮」）

出典：地方六団体 2019 より作成

なく、基準を満たすのが難しい（188 件）、都道府県の支援がない、得られるか不明確（162 件）となっている。

　こうした調査結果から、市町村の意識としては、指定要件を満たすことの難しさや、都道府県の支援を得られるか不明確といったものがあり、指定市町村制度のハードルが高い一方、事務処理特例は都道府県の支援が期待できる制度ととらえられていることが指摘できよう。

3.3　指定市町村、事務処理特例の指定数の推移等

　図表 3-3-4 に指定市町村の指定数等の推移を示した。2019 年以降、指定市町村数は、ほとんど増加していないが、事務処理特例は増加している。このうち、農地法の指定市町村については、地方六団体が 2018 年 3 月時点で行った調査では 79 団体が検討中であり、今後 136 団体となることが見込まれるとしていたが（地方六団体 2019）、2021 年 4 月時点の指定数をみると、62 団体であり、それほど増えていないことが分かる。

　特に、全国知事会農地・農村臨時部会長として議論をリードした鈴木元知事

図表 3-3-4　指定市町村数、事務処理特例による移譲済み市町村数の推移

出典：農林水産省、地方行財政調査会等より筆者作成

図表 3-3-5　農地法の指定市町村と事務処理特例の人口規模別累積度数（2022 年 3 月時点）

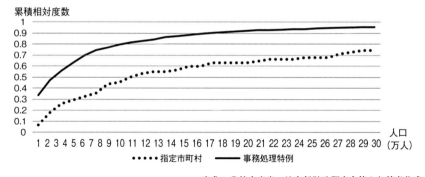

出典：農林水産省、地方行財政調査会等より筆者作成

　の三重県が 19 団体と多く、指定市町村の所在都道府県は 23 にとどまり、あまり広がっていない。

　図表 3-3-5 には、農地法の指定市町村等の人口 30 万人までの累積相対度数を示した。指定市町村は 30 万人までで 0.74 であり、人口規模の大きい団体が多く、事務処理特例は 0.95 であり、小規模な市町村が多いことが指摘できる。このことは、制度として道府県による支援が期待できる事務処理特例を小規模な市町村ほどを選択していることを示していると考えられる。

3.4　小括

　農振法や農地法における市町村の裁量は小さく、権限移譲を受けても地域の実情に応じて運用していくことは容易ではなく、指定市町村制度、事務処理特例のいずれでも状況は同様であり、差異はない。

　一方、制度面からみた場合、指定市町村制度は、事務処理特例と比較して、指定を受けるための基準を満たすうえでのハードルも高く、また広域自治体である都道府県の支援を得ることができるかという点での課題も大きい。こうした制度の特徴が市町村の意識に影響し、指定市町村制度導入後も事務処理特例による移譲を選択する市町村が多くなっていると考えられる。特に、指定市町村と事務処理特例により移譲を受けた団体を比較すると、事務処理特例は人口規模の小さい団体が多く、都道府県の支援等を期待している側面もあると思われる。

4　本章の結論

　本章では、農地法の農地転用許可権限等、農振法の開発許可に係る指定市町村制度について分析してきた。その結果、次の点を指摘できた。

　1つ目に、農地法の農地転用及び農振法の開発許可に係る権限について、地方は20年以上にわたり実現できなかった農地転用の許可権限の移譲という成果を求め、食料の安定供給のために主体的に農地確保の目標を設定するというマクロの問題と、地域の実情に応じた政策運営というミクロの2つの視点に立った移譲を求めた。こうしたものですら、地方創生の追い風があっても、農地・農村部会において農林水産省の妥協を導き出すことはできず、同省は拒否権を行使し続けた。その後の大臣間の折衝を経て、妥協の結果、地方創生の目玉として、大臣が指定を取り消せる「目標管理型権限移譲」として導入されてしまったのである。ただし、農地確保の目標設定は、権限移譲を求めるうえで、地方が総体として提示したものであることには留意する必要があろう。

　2つ目に、指定市町村制度による農地転用許可権限等の移譲について、現行の農振法・農地法の枠組みで権限移譲を受けても、市町村が地域の実情に応じ

た運用を行うことは容易ではなく、この点について指定市町村制度、事務処理特例に差異はない。こうした中で、指定市町村制度は指定の要件を満たすハードルも高く、都道府県の支援等が期待できないため事務処理特例が選択されている。一方、都道府県が移譲に否定的な場合で、事務処理特例による権限移譲は容易ではない中にあって、都道府県を迂回して、当該権限移譲を受けることができる別ルートとして機能しているともいえる。

［補記］

　令和6年の通常国会に農振法等の改正案が提出された。地方分権の点からは問題のあるものといえ、引き続き、こうした動向を注視していきたい。

第4章　提案募集方式における法定移譲の決定要因

　この間の分権改革の取組により、多くの権限が市町村に法定移譲されてきており、関係主体で合意しやすいものは既に対応されている。特に、地方分権改革推進委員会については、地方分権推進委員会と異なり、省庁の了解を得ずに勧告したものも多いが、政権交代もあり、政務三役が積極的に働きかけ、勧告の5割ほどが実現された。自公政権であれば、ここまで実現できなかった（西尾2013：92-94）。西尾の指摘を踏まえれば、過去から積み残しとなっている地方分権の課題については、地方分権改革推進委員会の勧告で取り上げられ、政務三役が積極的に働きかけても実現に至っていないものも多く、自公政権において導入された提案募集方式において実現することは容易ではない。

　本章では、こうした状況も踏まえながら、過去の経過も踏まえつつ、事務処理特例で実績のある権限の法定移譲を取り上げ、提案部会を中心に、府省、全国知事会、全国市長会の間でどのような議論が行われ、事務処理特例による移譲実績がどのように評価され、移譲に至ったのか分析していく。

1　本章の対象と検討の視点

　本章では、就学前の子どもに関する教育、保育等の総合的な提供の推進に関する法律に基づく幼保連携型認定こども園以外の認定こども園の権限移譲と、液石法に基づく液化石油ガス販売事業者の登録等に係る権限移譲の過程を分析する。認定こども園は、教育・保育を一体的に行う施設として、2006年10月に導入された。具体的には、幼稚園、保育所等のうち、①就学前の子どもに教育・保育を提供する機能、②地域における子育て支援を行う機能を備える施

66

設について、都道府県から認定こども園としての認定を受けることができ、地域の実情に応じて選択が可能となるよう幼保連携型、幼稚園型、保育所型、地方裁量型の 4 類型が設定されている。ただし、制度の枠組みとしては、幼稚園でも保育所でもない第 3 の施設類型として認定こども園を設けるのではなく、果たすべき機能に着目し、幼稚園や保育所などがその法的位置づけを保ったまま認定を受ける仕組みとなっていた。

　こうした幼稚園・保育所の一元化については、地方分権の流れの中で検討が開始されたといえる。実際、政府の文書などで初めに言及されたのは 1996 年 12 月の地方分権推進委員会の第一次勧告とされる(1)。その後、地方分権改革推進会議が 2002 年 10 月にまとめた「事務・事業の在り方に関する意見」でも同様に幼保の一元化に言及される。そして、2004 年 5 月から、文部科学省中央教育審議会幼児教育部会と厚生労働省社会保障審議会児童部会の合同の検討会議が 6 回審議を行い、同年 12 月、「就学前の教育・保育を一体として捉えた一貫した総合施設について（審議のまとめ）」が公表された。2005 年には、試行事業を全国 35 か所で先行実施し、総合施設モデル事業評価委員会が 2006 年 3 月に「最終まとめ」を取りまとめる。これを踏まえ、2006 年 3 月に法案が国会に提出され、6 月に公布され 10 月に制度が開始された。幼稚園部分は文部科学省の所管、保育園部分は厚生労働省であり、共管で事業が展開されていく。

　こうした認定こども園の認定数の推移を図表 4-1-1 に示した。当初の想定より、認定数は伸び悩む状況であり、地方分権改革推進委員会は 2008 年 5 月の第一次勧告において、「平成 20（2008）年度当初現在で全国 229 か所の設置にとどまっている。認定こども園制度については、地方から制度が複雑であるなどの問題指摘があり、その改善を早急に実施する必要がある」と勧告する。

　図表 4-1-1 のとおり、2015 年度以降、子ども・子育て支援新制度の導入に伴い、幼保連携型認定こども園数は増加していく。この背景には、子ども・子

1　地方分権推進委員会の第 1 次勧告では、「少子化時代の到来の中で、子どもや家庭の多様なニーズに的確に応えるため、地域の実情に応じ、幼稚園・保育所の連携強化及びこれらに係る施設の総合化を図る方向で、幼稚園・保育所の施設の共用化等、弾力的な運用を確立する」とされた。

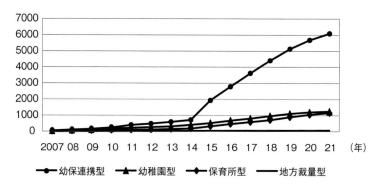

図表 4-1-1　認定こども園数の推移

出典：内閣府「認定こども園に関する状況について」より筆者作成

育て支援新制度導入以前、幼稚園部分、保育園部分のそれぞれについて都道府県知事、市町村長の認可を要していたが、単一の施設として認可・指導監督等を一本化したうえで、学校及び児童福祉施設としての法的な位置づけをもたせるための改正が行われたことがある。

　液石法は、LP ガスの普及と消費先（一般家庭）での事故の増加等に対応するため、1967 年に制定され、高圧法の一般消費用途の LP ガスの販売事業とそれに伴う充填、貯蔵等の規制の特例を定めている。このため、高圧法と液石法の事務は非常に関連性が強いものとなっている。具体的なイメージを**図表4-1-2** に示した。高圧法は、高圧ガスが輸入基地に運ばれ、保管されたり、製造される部分などについて適用される。一方、液石法は、LP ガスの販売事業者から一般消費までの部分が適用される。

　具体的な事務内容は異なるが、**図表 4-1-3** に示したとおり、当該権限は事務処理特例で都道府県から市町村に移譲されてきた。

　こうした幼保連携型認定こども園以外の認定こども園の権限、液化石油ガス販売事業者の登録等に係る事務・権限について、提案募集方式を通じた移譲の決定要因について分析しようとする本章の視点は次の 2 点となっている。

　1 つ目が主体の動向と課題のフレーミングである。既に事務処理特例の実績のある両事例では、府省、全国知事会、全国市長会とともに、事務処理特例に

図表4-1-2　液石法と高圧法の関係

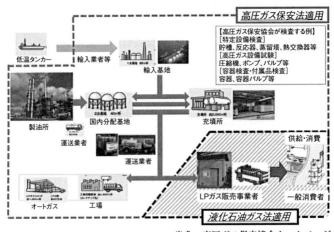

出典：高圧ガス保安協会ホームページ

図表4-1-3　液石法の事務・権限の事務処理特例による移譲の状況

年度	00	01	02	03	06	07	08	09	10	11	12
移譲都道府県数	14	19	20	20	26	29	31	31	32	33	35
年度	13	14	15	16	17	18	19	20	21	22	
移譲都道府県数	35	35	35	35	36	36	36	36	36	36	

出典：2000年から2003年は地方六団体資料、それ以外は地方行政調査会資料を用い筆者作成
注）2004年・2005年の資料は欠損

よる既移譲団体と、未移譲団体が法定移譲に移行することをどのように認識していたのか、拒否権を行使することはなかったのか、両者の相違を検証していく。あわせて府省が事務処理特例による移譲の実績をどのようにとらえ、法定移譲に移行したのか、地方分権の課題としてフレーミングされることの効果として、事務処理特例による既移譲団体、未移譲団体にいかなる影響を及ぼしたのか、府省との議論がどのように進められたのか分析していく。

　2つ目が協議の行われる場についてである。内閣府地方分権改革推進室が所管する提案部会と、内閣府子ども・子育て本部が所管していた法定の子ども・子育て会議（2023年4月1日から名称等変更）、さらに経済産業省が所管す

る法定の産業構造審議会を取り上げ分析を行う。提案部会と子ども・子育て会議は両者ともに内閣府の所管であり、一段高いという意味では同様である。ただし、両者の根拠は異なるほか、構成員も提案部会が行政法学者や行政学者、子ども・子育て会議は業界の関係者も含まれるなど異なっている。さらに提案部会は閣議決定の後ろ盾がある仕組みとなっている。こうした点も踏まえ、審議の過程を分析していく。あわせて、液石法を所管する業界関係者も含む法定の産業構造審議会と提案部会の関係等も検証していく。

2 幼保連携型認定こども園以外の認定こども園の認定等の事務・権限の移譲等

2.1 権限移譲の検討経過

　2006 年の認定こども園の導入当時、都道府県が認定権限を有しており、文部科学省・厚生労働省幼保連携推進室の事務連絡では、当該認定権限の都道府県から市町村への委任は認められていなかった[2]。2012 年の法改正により、幼保連携型認定こども園の認定権限が指定都市・中核市に移譲されるなど、変更された。こうした経過を**図表 4-2-1** に示した。

　2009 年 9 月に政権交代を果たした民主党は、2012 年 3 月に、子ども・子育て支援新制度に関して、「子ども・子育て新システムに関する基本制度とりまとめ」を踏まえ[3]、認定こども園を廃止し、企業も設置主体となりうる総合こども園とし、都道府県、指定都市、中核市が設備及び運営の基準を定め、認可する法案を国会に提出していた。だが、少数与党で法案の成立が見込めない中、教育界から企業参入を認めることで教育の質が確保されないとの反対もあり[4]、6 月 15 日の自民党・公明党との協議で、総合こども園法案は廃案と

2　2006（平成 18）年 10 月 24 日付け文部科学省・厚生労働省幼保連携推進室事務連絡。ただし、自治事務である認定こども園の認定についての当該通知はあくまでも技術的助言にすぎないし、趣旨目的から本当に認められないのかは疑問が残るといえる。実態としては、当該通知に沿って、都道府県から市町村への権限移譲が行われた事例はなかった。

3　内閣府副大臣が座長で、地方三団体の代表、業界団体代表、経済団体代表、学識者等から構成される「子ども・子育て新システム検討会議作業グループ」が中心になり、とりまとめを行った。

図表 4-2-1　幼保連携型認定こども園の権限移譲等の検討経過

	内容
2006 年 10 月	認定こども園制度創設、都道府県から市町村への委任は認められず
2009 年 9 月 16 日	民主党に政権交代
2012 年 3 月 30 日	「子ども・子育て支援法案」、「総合こども園法案」、「子ども・子育て支援法及び総合こども園法の施行に伴う関係法律の整備等に関する法律案」の 3 法案を国会に提出
2012 年 6 月 15 日	民主党、自民党、公明党で合意した「社会保障・税一体改革に関する確認書」 総合こども園法を廃案とし、幼保連携型認定こども園の認可・指導の一本化
2012 年 7 月 24 日	全国市長会　さらなる『基礎的自治体への権限移譲』及び『義務付け・枠付の見直し』について
2012 年 8 月 22 日	子ども子育て関連 3 法公布
2013 年 6 月 25 日	第 30 次地方制度調査会「大都市制度の改革及び基礎自治体の行政サービス提供体制に関する答申」（手交）
2013 年 12 月 20 日	事務・権限の移譲等に関する見直し方針について（閣議決定） 幼保連携型認定こども園以外のこども園の認定権限の事務処理特例による権限移譲を許容

出典：内閣府 HP 等から筆者作成

する一方、従来の幼保連携型認定こども園の認可・指導の一本化を図るにとどめ、当該認定権限のみを指定都市、中核市へ移譲することになった。結果として、改正法では、指定都市・中核市域において、幼保連携型認定こども園以外の認定こども園の認定権限は都道府県が有するものの、子ども・子育て支援新制度において給付等は指定都市を含めた市町村が行うため、事業者は道府県と指定都市等の両方に手続を行わなければならず、二重行政となり、事務が煩雑になる可能性があった。このように、子ども・子育て支援新制度の導入という子ども・子育ての課題としてフレーミングされる中で、認定こども園の二重行政の回避という地方分権の視点は欠けていたといえる。

　この法案の国会審議が行われる中、同年 7 月に全国市長会は「さらなる『基礎的自治体への権限移譲』及び『義務付け・枠付の見直し』について」で「私立幼稚園及び認定こども園の認可権限を、その財源も含めて市に移譲する」ことを提案した。提案では「具体的な支障事例、地域の実情を踏まえた必要性」として、こうした権限が「都道府県知事の権限とされており、貴重な保育資源である幼稚園や認定こども園の活用等において、地域の実情に応じた柔軟な施策の展開が阻害されている状況にある」とした。

4　2012 年 4 月 24 日読売新聞朝刊 11 頁。

その後、地方分権の課題としてフレーミングされ、検討が進められていく。2013 年の 30 次答申の別表では、指定都市、包括道府県の 3 分の 2 以上が移譲に賛成であったが、事務処理特例による移譲は行われていなかった。そして、2013 年 12 月に閣議決定された見直し方針では、幼保連携型認定こども園以外の認定こども園の認定に係る事務・権限については「都道府県と指定都市間の調整が整ったところから、条例による事務処理特例制度により権限移譲できるよう通知するとともに、事務処理特例に基づく指定都市における認定状況、子ども・子育て支援新制度の施行状況等も踏まえつつ、指定都市に移譲する方向で検討を進める」とされる。

　このように子ども・子育て支援新制度の導入による認定権限の移譲が新たな二重行政をもたらした状況であった。ただし、2006 年の制度導入当初と異なり、府省は事務処理特例による移譲を許容していた。

2.2　提案募集方式と子ども・子育て会議における検討経過

　図表 4-2-2 に提案募集方式における認定権限の移譲の検討経過を示した。

図表 4-2-2　提案募集方式での幼保連携型認定こども園の以外の認定こども園の権限移譲等の検討経過

	内容
2014 年	指定都市市長会などが幼保連携型以外の 3 類型の認定権限の移譲を提案
2015 年 4 月 1 日	子ども子育て支援新制度開始、幼保連携型の認定権限が指定都市等へ移譲
2015 年	指定都市等が再度提案、重点事項に選定
2015 年 8 月 5 日	第 23 回提案部会、府省は従来の主張
2015 年 8 月 28 日	第 26 回提案部会、全国市長会も移譲の必要性を主張
2015 年 10 月 8 日	第 30 回提案部会、事業所管を対象とした調査結果の提示
2015 年 12 月 22 日	平成 27（2015）年の地方からの提案等に関する対応方針（閣議決定） 指定都市に移譲する方向で検討し、平成 28（2016）年中に結論を得る。
2016 年 11 月 17 日	有識者会議・提案部会合同会議 平成 28（2016）年の地方からの提案等に関する対応方針案提示、指定都市への移譲の方向
2016 年 12 月 5 日	子ども・子育て会議、幼保連携型以外の認定こども園の指定都市への権限移譲について審議
2016 年 12 月 20 日	平成 28（2016）年の地方からの提案等に関する対応方針（閣議決定）、指定都市への移譲が決定
2017 年 4 月 26 日	第 7 次一括法公布
2018 年 4 月 1 日	指定都市へ権限移譲

出典：内閣府 HP 等から筆者作成

　2014年に指定都市市長会などから幼保連携型以外の3類型の認定権限の移譲の提案があり、検討が進められる。指定都市市長会は「具体的な支障事例、地域の実情を踏まえた必要性等」として、2015年4月から幼保連携型認定こども園の認可権限が指定都市に移譲されるが、他の認定こども園の認定権限は引き続き道府県に存置され、認定権者が異なることから二重行政が生じていることなどを挙げた。府省は1次回答で「見直し方針に基づき」「都道府県と指定都市の調整が整ったところから」、事務処理特例により「権限移譲できる旨を通知している」としたうえで、見直し方針で移譲する方向で検討するとされていたものの、「現時点での対応は困難である」とし、将来的な移譲の可能性を示しながら、拒否権を行使している状況であった。ただし、見直し方針で移譲する方向とされていたことからすれば、拒否権を行使し続けるのは容易ではなかったといえる。

　なお、2014年当時、事務処理特例の活用を決定している指定都市が7市、活用に向け協議中が6市であり、すべての都市で事務処理特例の活用・検討がなされている状況ではなかった。2015年4月の子ども・子育て支援新制度導入を控える段階で、指定都市市長会として20市で合意し、提案に至ってはいたものの、二重行政という支障を前提とした事務処理特例による移譲は指定都市全体の動きとなってはいなかった。地方分権の課題としてフレーミングされる中で、一部の都市は、権限移譲を望んでいないものの、地方分権を所管する企画調整・総務系統部局との関係もあり、一律の法定移譲を明確に否定できない、消極的同意であったと考えられる。

　こうした中、全国知事会は「指定都市市長会の提案を踏まえ、指定都市へ権限移譲すべき」、全国市長会も「提案団体の意見を十分に尊重されたい」とした。当該権限が指定都市の有する権限と密接に関連していることもあり、連合組織総体として両者の方向性は一致していたが、2014年の提案募集では移譲されなかった。

　2015年にも同様の提案があり、重点事項に選定され、提案部会でヒアリングが行われる。

　2015年8月の第23回の提案部会で、府省は「事務処理特例を適用できる

団体は進めてほしい旨の通知を行っている」と従来の説明を繰り返し、子ども・子育て支援新制度の導入間もないことを課題として挙げ、法改正による権限移譲には慎重の姿勢を崩さない。子ども・子育て支援新制度の導入間もない中で、府省は、子ども・子育ての現場で混乱が生じ、適正な事務の執行ができない点を課題としてとらえていた。一方、提案部会からは「法律による権限移譲が望ましい」「全国知事会が指定都市の意向を踏まえて移譲すべきであるという明確な意見を出している以上は、そこを尊重していただくのが分権の立場」との意見が出され、次回ヒアリングに持ち越される。また、2015年8月の第26回提案部会では、全国市長会も「指定都市の総意でぜひ指定都市に移譲していただきたい」と発言した。

　ここで、提案募集の中で示された当該事務の法定移譲に対する自治体側の認識をみると、全国知事会は「市町村の希望等を踏まえ、事務処理特例によって移譲することとし、全国的に移譲の実績が上がった段階で法律上の都道府県と市町村の役割分担を見直すこととすべき」(2014年提案、管理番号422)、指定都市は「事務処理特例は、協議が整った場合においても道府県の条例で定める方式であることから制度の安定性として不十分で」「早急に権限が移譲されることを求める」(2014年提案、管理番号422)など、事務処理特例による権限移譲では不十分であり、事務処理特例の実績を踏まえた「一律の法定移譲が基本」という指向性を自治体も一定程度共有していたといえる。

　2015年10月の第30回の提案部会では、道府県及び指定都市に行った調査結果が府省から示される。調査では、事務処理特例で移譲済みが8市、移譲に向けて道府県と調整中が7市、内部で検討中が3市、その他が2市であり、1年が経過しても事務処理特例による権限移譲が指定都市すべての動きとはなっていなかった。特に、その他の2市のうち、1市は法改正による移譲を希望したものの、もう1市は現時点では需要がないため移譲を希望しないというものであった。また、5つの道府県が指定都市から事務処理特例による移譲の希望が挙がっていないと回答した。府省は、この結果をもって「当面は各団体における権限移譲の実態を踏まえつつ検討していく必要があると考えており、法律による権限移譲を行うことはかえって地域の実情に応じた取組を阻害する

ものと認識している」と発言する。この調査について、認定こども園担当課に直接行われており、団体としての意見ではない点、部会の事務局である内閣府と質問内容を協議していない点など提案部会から疑義が示され、府省も落ち度を認める。府省は、こうした状況でも、子ども・子育て支援新制度の導入後、間もないため、法律による一律移譲は時期尚早との従来の主張を繰り返す。一方、この調査結果は、連合組織である指定都市市長会、個々の指定都市の分権所管部局と、事業所管部局の認識が異なっていることを示しており、二重行政が存在していても、一部の都市の事業所管部局はその解消に消極的であった。

　最終的に、府省の主張が認められ、「平成 27（2015）年の地方からの提案等に関する対応方針」では「指定都市に移譲する方向で検討し、平成 28（2016）年中に結論を得る。その結果に基づいて必要な措置を講ずる」とされ、先送りの決定がなされる。

　2016 年にも提案があり、引き続き重点事項として取り扱われ、フォローアップが行われる。2016 年 11 月 17 日の合同会議では調整中の「平成 28（2016）年の地方からの提案等に関する対応方針」が配布され、指定都市への移譲の方向が示される。

　閣議決定の直前、2016 年 12 月 5 日に子ども・子育て支援法に基づき設置され、地方三団体や業界団体の代表、学識者等から構成される子ども・子育て会議で審議が行われる。自治体関係者からは円滑な移譲を求める声が上がる一方、業界団体等からは移譲により質が確保されない懸念など、反対の意見が出される中、全国認定こども園連絡協議会は了承と発言する。最後に、会長の無藤が「さまざまな御意見を頂戴し」、「必ずしも一致した方向ではなかった」ことから、政府で検討のうえ、対応をお願いしたいと発言し、審議は終了する。閣議決定の直前というタイミングからも、子ども・子育て会議での審議は形式的なものであったと考えられる。また、そこでの支障は、質の確保など、事業実施の課題であったが、地方分権の課題としてフレーミングされ、事務処理特例の実績という権限移譲に向けた既成事実の積上げがある中で権限移譲の方向性に影響を与えることはなかった。特に、2016 年 4 月の段階で事務処理特例による指定都市への移譲は 14 市となっており[5]、業界団体が残りの 6 市を含

めた法定移譲に対し積極的不同意を示さなかったとも考えられる。

　最終的に 2016 年 12 月 20 日に閣議決定された「平成 28（2016）年の地方からの提案等に関する対応方針」で指定都市に移譲するとされ、第 7 次一括法で対応された。さらに、中核市にも第 8 次一括法で移譲された。

3　液化石油ガス販売事業者の登録等に係る事務・権限の移譲

3.1　液化石油ガス販売事業者の登録等に係る事務・権限の移譲の経過

　指定都市は、2000 年の分権改革以前から高圧法の事務とともに、液石法の事務の移譲を求めてきた[6]。その理由として、許可申請には消防長又は消防署長の意見書の添付が必要であり、事業所等に対して立入検査を行うなど、二重行政となっていることを挙げていた。

　また、2007 年 6 月の全国市長会の「都市における地方分権改革に関する支障事例先行調査結果」でも、二重行政が生じていることから「知事の権限を指定都市に移譲すべきである」としていた。経済産業省は「全ての知事の権限を指定都市に一律に移譲することは、同一県内の複数の市町村で事業を行っている事業者にとっては、複数の自治体の所管となり、行政手続等の負担が現状よりも増加する事が想定されることから適切でない」と回答しており、円滑な事業の実施という点から法定移譲に否定的だった。さらに「都道府県から市等への権限委譲については、これを妨げるものではなく、法第 252 条の 17 の 2 に基づき、複数の都道府県において液化石油ガス法の権限についても委譲が行われていると承知している」としていた。実際、**図表 4-1-3** のとおり、2007 年には、経由事務のみなど、移譲の内容は異なるが、全体として 29 都道府県で移譲の実績があった。

　高圧法の権限は、30 次答申などを踏まえ、第 5 次一括法により移譲され、2018 年 4 月から指定都市が担っていた。

　なお、液化石油ガス器具等販売事業者への立入検査等は第 2 次一括法で指

5　一般社団法人地方行政調査会調査による。

6　1997 年 4 月に出された指定都市の『地方分権に関する指定都市の意見』などがある。

定都市等に権限移譲された。当該権限は、消費者行政を所管している部署で行っている場合もあり、本章で対象としている液化石油ガスそのものの販売事業者に係るものではなく、高圧法等の権限と関係が深いものではない。

3.2　提案募集方式と産業構造審議会における検討経過

図表4-3-1に提案募集方式における移譲の検討経過を示した。

2019年に熊本市から「液石法における都道府県知事の事務・権限の指定都市の長への移譲」が提案され、重点事項とされる。現在の支障として「平成30（2018）年度から高圧法のみが指定都市に権限移譲されたことで、事故対応や両法の適用を受ける施設の完成検査及び保安検査等において県と指定都市の間で判断の難しい調整業務が新たに発生している」ことを挙げた。このように権限移譲によってもたらされた二重行政により、地方分権の課題としてフレーミングされ、検討が進められていく。ただし、追加共同提案団体として、手を挙げたのは指定都市のうち、新潟市、京都市のみであり、指定都市全体の動きとはなっていなかった。この背景には、既に事務処理特例で移譲が進められており、移譲が必要と考える団体は既に対応済みであったこともあると思われる。熊本市も、法改正による移譲が行われなければ、事務処理特例による移譲を行うことで熊本県と合意していた[7]。

全国知事会は「高圧ガス保安法との整合性を図ることが必要である。このため、液化石油ガス販売事業者の登録等に係る権限については、提案のとおり指定都市」に移譲すべきである、全国市長会も「提案の実現に向けて、積極的な検討を求める」とした。液石法の権限が指定都市の有する高圧法の権限と密接に関連していること、全国市長会として以前から権限移譲を要望していたこともあり、指定都市全体の動きではないものの、全国知事会・全国市長会も反対することはなく、むしろ移譲を進める方向であった。

7　第13回産業構造審議会保安・消費生活用製品安全分科会液化石油ガス小委員会の資料では「全国一律の権限移譲が行われない場合でも、熊本県から権限移譲が行われる予定である」とされていた。一律の法定移譲を新たな義務付けとする本書の立場からは県と市の間で協議すべきといえようが、熊本市が法定移譲を提案している状況も「一律の法定移譲が基本」という指向性が共有されている証左といえる。

図表 4-3-1　提案募集方式での液石法の権限販売事業者等の登録等に係る事務・権限の移譲の検討経過

	内容
2019 年	熊本市が液石法における都道府県知事の事務・権限の指定都市への移譲の提案
2019 年 8 月 7 日	第 95 回提案部会、府省からアンケート実施予定の報告
2019 年 10 月 18 日	第 103 回提案部会、府省からアンケート結果の報告
2019 年 12 月 23 日	令和元（2019）年の地方からの提案等に関する対応方針（閣議決定） 指定都市に移譲することの是非も含め、効果的かつ効率的な執行の在り方について検討し、令和 2（2020）年度中に結論を得る。その結果に基づいて必要な措置を講ずる。
2020 年 3 月 4 日 〜3 月 11 日	第 12 回液化石油ガス小委員会 業界団体は反対、指定都市が一枚岩でないことへの懸念
2020 年 8 月 3 日	第 107 回提案部会、小委員会の報告、関係自治体への調査実施予定の報告
2020 年 10 月 16 日	第 115 回提案部会、担当者の意向として移譲に支障のある団体は岡山県・岡山市、広島県・広島市
2020 年 12 月 11 日	第 13 回液化石油ガス小委員会、自治体の意向として移譲に支障のある団体は広島市のみ、移譲を了承
2020 年 12 月 18 日	令和 2（2020）年の地方からの提案等に関する対応方針（閣議決定） 指定都市への移譲について検討し、令和 2（2020）年度中に結論を得る。その結果に基づいて必要な措置を講ずる。
2021 年 3 月 22 日	第 14 回液化石油ガス小委員会、指定都市から示された懸念事項への対応の報告
2021 年 12 月 21 日	令和 3（2021）年の地方からの提案等に関する対応方針（閣議決定） 指定都市に移譲する
2022 年 5 月 20 日	第 12 次一括法公布
2023 年 4 月 1 日	指定都市へ権限移譲

出典：内閣府 HP 等から筆者作成

　2019 年 8 月の第 95 回の提案部会では、道府県、指定都市にアンケートを行うことが経済産業省から報告される。また、部会長は「かなりのところが事務処理特例になっているということであれば、この際、法律で権限移譲をしていただきたい」と発言する。こうした発言からも事務処理特例による移譲実績が法定移譲に向けた既成事実としてとらえられていることがわかる。10 月の第 103 回の提案部会でアンケート結果が報告される。この中では、指定都市の 6、道府県の 6 で熊本市の指摘する二重行政の支障が生じており、生じていないとした道府県のすべて、指定都市でも 13 のうち 11 で事務処理特例により、事務・権限の一部又は全部の権限移譲が行われていた。法改正による権限移譲について、道府県は賛成が 8、条件付きで賛成が 3、どちらともいえないが 3、反対が 1、指定都市は賛成が 2、条件付きで賛成が 7、どちらともいえないが 7、反対が 4 であった。特に、反対と回答した団体は事務処理特例により、事務・

権限の一部又は全部を移譲しており、どちらともいえないと回答した道府県のすべて、指定都市の 5 で、事務・権限の一部又は全部が移譲されており、総じて事務処理特例による移譲実績がある団体ほど、支障がなく、法定移譲に同意していない状況であった。また、道府県の LP ガス協会は都道府県の一元的な対応を希望する意見であった。こうした結果を踏まえ、経済産業省は、各団体の意見がまとまっていないため「液石法の改正による全体の権限移譲は慎重に検討する必要がある」、「しかしながら、アンケート調査から支障事例が生じていることは確認できたことから、今後、どのような解決があるかについて、各団体や有識者からの意見を聞いた上で、法定移譲の可否を含めて必要な検討を進めたい」とする。このように、法改正による指定都市への一律移譲は指定都市の総意ではないにもかかわらず、全国知事会・全国市長会が賛意を示していたこともあり、二重行政の存在という分権の課題としてフレーミングされ、法改正による一律移譲という新たな義務付けに向けた取組が進められていく。

　2019 年 12 月 23 日に閣議決定された「令和元（2019）年の地方からの提案等に関する対応方針」において「液化石油ガスの販売・貯蔵等に係る都道府県知事の事務・権限については、地方公共団体等の意見を踏まえつつ、当該事務・権限を指定都市に移譲することの是非も含め、効果的かつ効率的な執行の在り方について検討し、令和 2（2020）年度中に結論を得る。その結果に基づいて必要な措置を講ずる」とされる。

　2020 年 3 月 4 日〜3 月 11 日にかけて、第 12 回の「液化石油ガス小委員会（以下「小委員会」という。）」が書面審議で開催される。審議では、閣議決定の内容とともに、提案部会と同様の資料が配布され、業界団体からは反対の意向が示される。また、指定都市側も一枚岩でないことに対する懸念が出される。

　液石法の権限移譲の提案は、2020 年も重点事項として位置づけられ、引き続き、提案部会でヒアリングが行われる。2020 年 8 月の第 107 回提案部会では、小委員会の報告とともに、自治体、事業者等によっては全国一律の権限移譲に慎重な意見もあったことから、今後、各業務の権限移譲の可能性等を関係自治体に調査し、結果をまとめるとされる。

2020年10月の第115回提案部会で調査結果が報告される。個々の事務に対する移譲の支障が調査され、自治体名が公表されており、容易に比較はできないものの、2019年の調査とは結果が異なってくる。2020年の調査では、事務処理特例で対象となるすべての事務が移譲済みの団体では支障が示されず、一部移譲の団体ではLPガス担当者の意向として岡山県、岡山市、広島県、広島市が未移譲事務の一部の移譲に支障があるとする(8)。また、未移譲団体については支障がない、どちらともいえないというものであった。さらに、一部の団体から体制確保とともに、道府県から指定都市への交付金がなくなるという財源の課題が示される。だが、経済産業省は「引き続き産業構造審議会あるいは自治体の意見を聞きつつ、できるだけ全体として移譲する方向でいけないかということで検討したい」と移譲に前向きな姿勢を示す。

　2020年12月11日に第13回の小委員会が開催され、閣議決定の内容や提案部会に報告された調査結果とともに、検討対象となっている液石法のすべての権限を指定都市に移譲することが提示される。この時点で対象となる事務のうち、すべて移譲済みの指定都市は8市、一部は4市、未移譲は8市であった。また、この時の調査結果では、LPガス担当者の意向との表記は削除され、2020年10月の時点で支障があるとしていた岡山県、岡山市、広島県、広島市のうち、広島市のみ支障があるとされる。この変更からも、当初、経済産業省は関係部局に調査を行ったが、「一律の法定移譲が基本」という指向性が一定程度共有され、分権の課題としてフレーミングされる中で、分権所管部局も含めた総体として支障の存在を積極的に主張するのは容易ではなかったことが指摘できる。委員会では、高圧ガス保安協会から保安レベルの確保に取り組みたい旨の発言があるが、特段の意見はなく、了承された。既に移譲実績が既成事実として積みあがっている中で、業界団体も積極的不同意を示すものではなかった。

8　調査票は示されていないが、結果をみる限りでは、あくまでも未移譲事務を法定移譲した場合の支障の調査が行われており、事務処理特例を法定移譲とすることへの意見や支障の有無は示されてない。この点で、事務処理特例を法定移譲とすることには支障がないということを前提としており、消極的不同意を示すことすら認められなかったといえる。

　2020 年 12 月 18 日に閣議決定された「令和 2（2020）年の地方からの提案等に関する対応方針」では「液化石油ガスの販売・貯蔵等に係る都道府県知事の事務・権限については、地方公共団体等の意見を踏まえつつ、指定都市への移譲について検討し、令和 2（2020）年度中に結論を得る。その結果に基づいて必要な措置を講ずる」とされ、令和元（2019）年の方針にあった是非も含めといった記述はなくなる。

　2021 年 3 月 22 日の第 14 回の小委員会では調査結果における懸念事項等への対応が示される。高圧ガス保安協会から専門機関として貢献していきたい旨が表明されるほか、特段の議論もなく終了する。

　2021 年 12 月 21 日に閣議決定された「令和 3（2021）年の地方からの提案等に関する対応方針」では「指定都市に移譲する」とされ、第 12 次一括法で対応された。

4　本章の結論

　本章の検討から次の点が指摘できた。

　1 つ目が、内閣府、提案部会を含む有識者会議は「一律の法定移譲が基本」という指向性を有し、自治体や地方六団体もそれを一定程度共有しており、事務処理特例の実績が法定移譲に向けた既成事実として位置づけられている。こうした中で、地方分権の課題としてフレーミングされることで、事務処理特例により移譲を受けている団体であっても拒否権を行使し、積極的不同意を主張することは容易ではなく、移譲に消極的な団体も消極的同意として扱われ、法定移譲に向けた手続が進められていくのである。さらに、内閣府地方分権改革推進室と直結し、地方分権を所管する企画調整・総務系統部局の影響によって、事業担当セクションが拒否権を行使することは容易ではない。業界団体も事務処理特例による権限移譲が進んでおり、法定移譲に移行してもその影響は小さく、拒否権を行使せず、積極的不同意を主張しない。結果として、法改正を回避しようとする府省に対して、内閣府地方分権改革推進室の意向を受けた提案部会が一部の指定都市の意見を「代弁・擁護」し、「牽制・干渉」しながら折

衝し、合意点を探っていく構図となる。府省は、事務処理特例の活用など、可能な限り自らがかかわらない形での権限移譲を誘導するとともに、アンケートなどを駆使し、指定都市間でも一枚岩ではないことを指摘し、法改正を回避しようと対応する。しかしながら、内閣府地方分権改革推進室・提案部会が閣議決定の後ろ盾をもって主導することで、新たな義務付けとして一律の法定移譲が実現されていくのである。

2つ目が、提案部会は、分権関係者の意見が集約され、内閣府・府省という構図で折衝を行う場として機能している。個別の事業を所管する審議会には、業界団体が入っており、そこでは地方分権とは異なる事業の課題として支障をとらえる傾向にある。だが、最終的には、閣議決定という後ろ盾をもつ提案部会を中心に、成果を求め、一律の法定移譲に向けた取組が進められていくのである。

このように、「一律の法定移譲を基本」とする指向性の存在、既成事実としての事務処理特例の位置づけ、提案部会の機能、地方分権の課題としてのフレーミング、業界団体・自治体が積極的不同意を主張しないことなどが一律の法定移譲へ移行してしまう要因といえる。特に、条例よりも、法律という意識が地方側に一定程度共有されており、都道府県条例に基づく事務処理特例を活用し、権限移譲を進めていくよりも法定移譲が選好されるといえるのである。

第 5 章　提案募集方式の権限の不移譲決定過程と事務処理特例の適法性

　提案募集方式における市町村への権限移譲の提案で、府省は、法改正による移譲はできないとの見解を示す中でも、事務処理特例による対応を許容する場合がみられる(1)。この場合、府省は事務処理特例の制度趣旨から地域の実情に応じて、都道府県と市町村の協議にゆだねようとしているのか、都道府県と市町村の論争に巻き込まれることを回避しようとしているのか、コストのかかる法改正を回避しようとしているのか定かではない。また、府省が事務処理特例は妥当ではないとの回答を示す場合もあるが、こうした見解は技術的助言に過ぎず、都道府県と市町村が自ら法令解釈をしていく必要がある(2)。

　本章では、提案募集方式で地方から権限移譲が提案された具体的な権限を取り上げ、地方三団体、府省、自治体の間での議論の経過、都道府県・市町村に

1　提案募集では、府省の見解とともに、全国知事会、全国市長会等の団体としての利害に係る意見も出され、一種の政治過程としてとらえることもできる。こうしたことから、府省の見解は、政治性を含んだものであるとも考えられる。

2　認定こども園に関する権限について、制度創設当初、府省は市町村への事務の委任はできないとしていた（2006年10月24日付け文部科学省・厚生労働省幼保連携推進室事務連絡）。だが、2013年12月に閣議決定された見直し方針では、幼保連携型認定こども園以外の認定こども園の認定に係る事務・権限については「都道府県と指定都市間の調整が整ったところから、条例による事務処理特例制度により権限移譲できるよう通知する」とされる。この間、子ども・子育て支援新制度の導入など、全体の制度変更はあったものの、幼保連携型認定こども園以外の認定こども園はほとんど変更されていず、事務処理特例による移譲についての府省の見解は一貫したものではない。

　また、第1章の脚注1のように、2020年の提案募集では、横浜市が医療計画策定権限の一部が事務処理特例の対象となることを明確化するよう求め、厚生労働省から最終的に事務処理特例の対象ではないとの回答を得ているが、違法といえるのかは明確でない。

　特に、「法解釈権は、立法権とは別個の権限であって、第一次的には法の執行権に付随する権限であると解され」るのであり、「地方行政に関する法令について」「地方公共団体は、地方自治の本旨にもとづいて法令を自主的に解釈し、その運用をはかる権限と責任をもつと解される」（原田2005：152）。

よる事務処理特例の活用に当たっての協議過程とともに、当該事務の事務処理特例による移譲の適法性を検討する。

1 本章の検討の視点

　本章では、提案募集方式における権限移譲の提案を取り上げ、次の3点から分析していく。

　1つ目が権限移譲の提案の検討過程についてである。提案募集方式における提案については過去に何度も議論されてきているものも多く、拒否権を行使し、いったん不移譲との結論に至った府省の見解が変わることは容易には想定しがたい。過去の検討経過とともに、提案募集方式における府省と提案自治体の協議過程を取り上げ、提案募集方式の課題等を明らかにしていく。

　2つ目が事務処理特例の活用に当たっての都道府県と市町村の協議過程についてである。事務処理特例による権限移譲の場合、自治法では市町村の同意は必要とされないものの、実際の移譲に当たっては都道府県と市町村が協議し、合意する必要がある。いかなる理由で移譲に至ったのか、そこでは適法性等が議論されたのかなど、事務処理特例による「自治体の所掌事務拡張路線」の課題を明らかにしていく。

　3つ目が事務処理特例による権限移譲の適法性についてである。事務処理特例の対象は、通知で、法令に明示の禁止の規定があるものなどを除くとされるのみで、明確ではない。こうした中で、提案募集方式で示された府省の見解等の適法性について検討していく。

2 事務処理特例の法的位置づけ等

2.1 事務処理特例の法的位置づけ

　事務処理特例は「都道府県知事から市町村長への事務の移譲や委任ではなく、都道府県から市町村への団体間の事務の再配分」であるとされる（佐藤2000：68）。だが、「法的には行政法上の委任」であり（塩野2012：255-

256)、市町村長名で権限を行使することになり、知事は権限を失う。ただし、「条例による事務処理特例制度においては、法令上は都道府県が処理することとされている事務を、都道府県の判断に基づき市町村が処理するものであることから」(新倉 2003：251)、自治法 252 条の 17 の 4 により、自治事務の処理が法令の規定に違反していると認めるとき、又は著しく適正を欠き、かつ、明らかに公益を害していると認めるときは、都道府県は各大臣の指示がない場合にあっても、是正の要求ができる[3]など、特則が設けられている。是正の要求は「合法性のコントロールに限定」されるものであり、その要件を踏まえると、対象は「違法と判断される」ものである (地方自治総合研究所 2010：762)。事務処理特例による権限移譲後に、県が是正の要求を行わなかったことは国家賠償法 1 条 1 項の違法との判決も出されている[4]。こうした「是正要求権限に過度な期待を寄せてはならない」ものの、「是正要求によって終局的に確保されるのは、個別法が保護する権利・利益である以上、個別法が保護する生命、身体、財産なども、是正要求の保護法益に含まれる」(板垣 2019：219)[5]。

　このように、事務処理特例に基づく権限移譲は、基礎自治体優先の原則に基づき、市町村の事務・権限の充実を図ろうとするものである。また、法的には委任であり、知事は権限を失うものの、都道府県の判断に基づき市町村が処理するものであることから、適法性の確保のために関与の特則が設けられ、法律による権限移譲とは異なる関与が認められている。

3　通常、大臣の指示がない場合には是正の要求が認められないのは「関与の重複を避けるとともに、普通地方公共団体として市町村と対等の立場にある都道府県の執行機関に対して、法的義務を伴う是正の要求の権限を一般的に認めることが適当でないと考えられたため」である (地方自治総合研究所 2010：763-764)。逆にいえば、事務処理特例では、都道府県知事の権限が再配分される中で、包括的な指揮監督権等は認められないものの、一定の関与を許容しているといえる。

4　広島地判平成 24 年 9 月 26 日判例時報 2170 号 76 頁。当該判決については、若生 2015、板垣 2019 に詳しい。ただし、本件埋立てが宅地造成等規制法の対象とならないとして、広島高裁で棄却されている (広高平成 25 年 9 月 26 日 D1-Law.com 判例体系)。

5　是正の要求は「法令解釈又は国の公益の観点から、自治事務との間の公益の調整を図るものであり、処分に係る個別的な私権の保護を目的とするものではない」との判決 (東高判平成 20 年 10 月 1 日訴訟月報 55 巻 9 号 2904 頁) もある。当該判決を踏まえれば、結果的に国民が保護されるとしても、反射的利益に過ぎないことになるが、若生 2015、板垣 2019 ともに、個別法が保護する個人的利益も保護するとの立場をとっている。

2.2 事務処理特例の対象

　事務処理特例の対象の検討に当たっては、一般法である自治法に通則として
規定されている事務処理特例の制度趣旨に加え、自治法1条の2第2項により、
「地方公共団体に関する制度の策定及び施策の実施に当たって、地方公共団体
の自主性及び自立性が十分に発揮されるよう」配慮しなければならないこと[6]、
基礎自治体優先の原則が規定されていることなどを踏まえる必要がある。

　このうえで、具体的なものとしては、旧自治省通知のとおり、2つが想定され、
1つが①法令に明示の禁止規定がある場合である。こうした事例としては旧旅
券法があり、同法21条の4で「自治法252条の17の2の規定は、適用しな
い」とされていた。だが、同規定は「地方分権及び住民サービス拡充の観点か
ら」削除され、2006年3月20日より、移譲可能となった（旅券法研究会
2016：29）。管見では、現在の法令で禁止規定があるものはみられない[7]。

　一方、②法令の趣旨・目的から対象とできないもの、つまり明文の規定はな
いものの、事務処理特例による移譲が違法となるものについては、当該事務を
規定する法令の❶趣旨・目的に矛盾抵触する場合とともに、❷実態として効果
を阻害する場合が考えられる。❶については、旅券法のように明文で禁止の規
定がなくとも、法の趣旨が広域自治体である知事に一律に権限をゆだねるべき
ということにあり、市町村長への権限移譲を一切許容しないとなれば、事務処
理特例による移譲は違法となる。また、一律に知事に事務をゆだねる趣旨でな
い場合でも、❷の効果に着目した場合に、知事が事務を行う場合と市町村長が
担った場合を比較し、広域調整への影響など、その効果が大きく阻害されると
なれば、違法となる[8]。このように適法性を考えていくうえでは、自治法の

6　鈴木は、当該規定を「たんなる理念規定、精神規定とすることは、本条の趣旨を矮小化するもの」
　であり、「国の役割を限定しようとするベクトルを働かせようとするものであり、今後の立法、行政、
　司法を含む国の役割は、それが直接執行であれ、関与であれ、それらを正当化するだけの十分な根
　拠が必要であることを要求している」と指摘する（鈴木 2000:63）。

7　2022年9月3日現在、e-Govで検索し、該当条文をチェックした。

8　小早川は、墓埋法の許可に係るさいたま地裁判決の解説において、「地方自治法は、この事務処理
　特例制度によって移譲可能な事務の種類ないし範囲を特に限定していない。しかし、個々の事務に
　関して定める法律（個別法）の規定ないしその解釈如何では、当該法律の趣旨にてらして許容され
　ないという場合はありうる」としている（小早川 2013：63）。

規定に加え、法令の文言とともに、具体的な内容について検討していく必要がある。

2.3　さいたま地裁判決の概要

　墓地、納骨堂又は火葬場を経営しようとする者は、「墓地、埋葬等に関する法律（以下「墓埋法」という。）」10 条 1 項により、知事の許可を受ける必要がある。従来から、指定都市、中核市には法令で権限が移譲されており、第 2 次一括法により、2012 年 4 月にはすべての市、特別区に移譲された。

　さいたま地裁判決の対象となる墓埋法に基づく墓地の経営許可申請は 2008 年 6 月、処分は 2008 年 8 月であった。被告の越谷市には、事務処理特例により、県から当該許可権限が移譲されていた。

　本件は、宗教法人である原告が被告の市に墓地経営の許可申請を行い、不許可の処分を受けたことに対して、訴えを提起したものである。

　事務・権限の移譲の可否について、墓埋法は、10 条 1 項の許可の要件を特に規定していない。これは、「墓地等の経営が、高度の公益性を有するとともに、国民の風俗習慣、宗教活動、各地方の地理的条件等に依存する面を有し、一律的な基準による規制になじみ難いことから、墓地等の経営に関する許可又は不許可の判断を知事の裁量にゆだねる趣旨」である。このため、「その裁量の範囲は、墓埋法が、墓地等の管理及び埋葬等が国民の宗教的感情に適合し、かつ、公衆衛生その他公共の福祉の見地から支障なく行われることを目的としていること（1 条）に照らして、広範囲に及ぶ」ものとなっている。結果として、「地域に密接な地方公共団体である市町村に、墓地等の経営の許可又は不許可の権限を与えて、地域の風俗習慣、宗教的感情、地理的条件等に即した許可又は不許可処分を行うことができるよう、同処分の権限を委譲することが墓埋法の趣旨に反するとはいえない。したがって、被告に上記権限を委譲することは適法」とした[9]。

　墓埋法に基づく経営許可権限は、補完事務と位置づけられる。既にみたよう

9　さいたま地判平成 21 年 12 月 16 日判例地方自治 343 号 33 頁。

に、補完事務は、自治法で、市町村優先の原則に基づき、当該市町村の規模及び能力に応じて、これを処理することができる。当時、墓埋法19条の3により指定都市等には法定移譲されていた。

墓埋法の目的規定等とともに、一般法である自治法の通則としての市町村優先の原則や補完事務の位置づけ、事務処理特例の制度趣旨、墓埋法における大都市特例の規定を踏まえれば、墓地等の経営許可権限の移譲は、適法と整理することも可能と考えられる。

3 事例研究

3.1 高圧ガス保安法の事務

3.1.1 高圧ガス保安法の概要

高圧法は経済産業省所管の法律であり、目的は「高圧ガスによる災害を防止するため、高圧ガスの製造、貯蔵、販売、移動その他の取扱及び消費並びに容器の製造及び取扱を規制するとともに、民間事業者及び高圧ガス保安協会による高圧ガスの保安に関する自主的な活動を促進し、もつて公共の安全を確保すること」にある。同法の規制対象となる高圧ガスは、圧力が高く、ガスによっては爆発性や可燃性、毒性を有することから、その製造等を行うには、同法に基づき、知事の許可等が必要となる。この事務は自治事務となっている。

また、原油等の危険物を規制するものとして消防法があり、この危険物の製造所の設置等には市町村長の許可が必要となる。当該事務は、自治事務となっている。

2018年4月施行の改正高圧法79条の3は、知事が処理することとされている事務のうち、「公共の安全の維持又は災害の発生の防止の観点から知事が当該都道府県の区域にわたり一体的に処理することが指定都市の長が処理することに比して適当であるものとして政令で定めるものを除く」事務について、指定都市においては、指定都市の長が処理するものとするとされている。当該規定は、指定都市という規模・能力を有する自治体に対してより多くの権限を移譲することとしながらも、補完事務や広域事務としての観点から特定の事務

を除外したものと整理できる。この規定を受け、同施行令22条は、知事が処理することが適当な事務として、1号の「高圧ガスを取り扱う事業所の集積の程度、高圧ガスの処理量その他の高圧ガスの取扱いの状況を考慮して経済産業大臣が定める区域に所在する事業所」など、合計5つを規定していた。このうち4つは液石法関係の施設となっていたが、第4章でみたように、2023年4月から液石法の権限が指定都市に移譲されたことに伴い、1号の内容のみが施行令の22条に規定されている。

　当該規定を受け、高圧法施行令関係告示7条は、同地域をコンビナート等保安規則2条1項21号に規定するコンビナート地域又は同項22号に規定する特定製造事業所の区域のいずれかに該当する区域と規定している。コンビナート地域は、コンビナート等保安規則別表1に定める10の地域をいい、2018年に権限が移譲された指定都市では川崎市と横浜市、堺市と高石市、岡山市と倉敷市の3地域となっている。

3.1.2　法定移譲の検討経過(10)

　図表5-3-1に高圧法の権限の移譲経過を示した。

図表5-3-1　高圧法の権限の移譲経過

	内容
1996年11月	地方分権推進に関する指定都市の意見
2002年6月17日	地方分権改革推進会議『事務・事業の在り方に関する中間報告』
2002年10月30日	地方分権改革推進会議『事務・事業の在り方に関する意見』
2008年5月28日	地方分権改革推進委員会『第1次勧告　～生活者の視点に立つ「地方政府」の確立～』
2009年9月2日、16日	総合資源エネルギー調査会高圧ガス及び火薬類保安分科会高圧ガス部会
2010年6月22日	地域主権戦略大綱
2013年6月25日	第30次地方制度調査会答申「大都市制度の改革及び基礎自治体の行政サービス提供体制に関する答申」
2013年12月20日	事務・権限の移譲等に関する見直し方針について（閣議決定）
2014年3月10日	産業構造審議会保安分科会高圧ガス小委員会（10月にも）
2015年1月30日	平成26（2014）年の地方からの提案等に関する対応方針（閣議決定）
2015年6月26日	第5次一括法公布
2015年6月	指定都市市長会が提案募集方式にて移譲を提案
2015年12月22日	平成27（2015）年の地方からの提案等に関する対応方針（閣議決定）
2018年4月1日	高圧法に基づく事務・権限の指定都市への移譲

出典：鈴木2020：50を一部改変

10　ここでの内容は鈴木2020によっている。

高圧法の権限の移譲は、1996年11月の「地方分権推進に関する指定都市の意見」において、要望されたものである。その後も、1997年4月、1997年8月、1998年4月と当該事務・権限の移譲を要望してきた。しかしながら、1998年5月に出された地方分権推進計画では、高圧ガスの製造業等及び貯蔵所の設置等の許可、販売業等の届出の受理、高圧ガスの爆発のおそれがある施設等の保安検査の実施その他高圧ガスに係る災害の発生の防止又は公共の安全の維持に関する事務は、都道府県の自治事務と整理され、進展はみなかった。

　「地方分権改革推進会議」の2002年6月の「事務・事業の在り方に関する中間報告－自主・自立の地域社会をめざして－」では、今後の検討課題として、高圧ガス等の保安行政については、地方公共団体における事務処理の特例条例による権限移譲の実施状況等も踏まえ、検討を行うとされた。そして、2002年10月の「事務・事業の在り方に関する意見」には、「平成14（2002）年度中に検討に着手」と整理される。ただし、2003年の『「事務・事業の在り方に関する意見」の実施状況』では、「指定都市事務局と意見交換を行った。今後、行政事務の広域性・効率性、行政需要の分布、事業者負担等にかんがみ、事務処理の特例条例による権限移譲の実施状況を踏まえた上で、引き続き検討すること」とされた。

　2008年の地方分権改革推進委員会の第1次勧告では、当該権限は基礎自治体である市町村へ権限移譲を行うべき事務の1つとして整理される。これを踏まえ、「総合資源エネルギー調査会高圧ガス及び火薬類保安分科会高圧ガス部会」で審議が行われる。この委員には神奈川県の職員も含まれていた。当時の神奈川県知事は松沢成文であり、市町村の県政参加を位置づけた自治基本条例の策定などが進められていた（礒崎2017：229-237）。また、「地方分権改革の推進に向けて」を策定し、高圧法に基づく事務内容のすべてを移譲することを掲げていた（神奈川県2008：10）。こうした中で、同県の委員は、当時の政策の方向性を踏まえた意見を述べている。具体的には、2009年9月に行われた第12回、第13回の部会で、高圧法の事務を市町村へ移譲するスタンスを基本的にとっており、事務の効率的・効果的な執行の観点から関係する事務を一括して移譲すること、早い段階で市町村との協議を進め研修体制をとって

いきたいことなどを述べた。こうした発言に対して、他の委員からは神奈川県の知事は分権というタイプの人だからとの指摘もあった。さらに、事務・権限の移譲を受けていた札幌市と岡山市のヒアリングが行われた。最終的に、一部の委員から地方分権はメリットにならないという強い意見もあり、市町村への移譲は、件数の少なさ、専門性の確保の点などから、妥当でないとの判断となった。

　その後、政権交代もあり、地方分権改革推進委員会の議論の中心は、事務・権限の移譲よりも、義務付け・枠付けの見直しへとシフトし、結論まで時間を要することとなった。最終的には、地域主権改革を一丁目一番地と位置づけた民主党政権下においても、2010年6月の地域主権戦略大綱には盛り込まれず、事務・権限の移譲には至らなかった。

　2013年には、30次答申で、都道府県の事務のうち指定都市に移譲されていない主な事務とされ、3分の2以上の指定都市、包括する道府県が移譲に賛成であり、多くの指定都市で事務処理特例による移譲実績もあった。見直し方針では、「高圧ガスの製造・貯蔵等に係る事務・権限は、災害発生時の対応を踏まえた移譲の対象となる事務・権限の範囲、指定都市側が指摘する受入体制の整備や十分な準備期間の確保等の着実な調整を行った上で、指定都市に移譲する方向で検討を進める」とされる。

　その後、2014年3月と10月に開催された経済産業省の「産業構造審議会保安分科会高圧ガス小委員会」の第5回、第6回の委員会で移譲の対象となる事務・権限の範囲等について議論が行われる。経済産業省は、第6回の小委員会でアンケート結果を示し、石油コンビナート区域が一の指定都市に収まらない場合について課題があるという説明を行う。そして、神奈川県の委員が、横浜市と川崎市に位置する京浜工業地帯のコンビナート地域等に係る事務・権限の移譲について「神奈川県のコンビナートは首都圏の人口密集地域や高速道路や空港などにも近接し」「防災上の重要度が極めて高い」ために、「広域的な災害対応の観点から、高圧ガスの製造、貯蔵許可に関する権限については、現時点では移譲すべきでない」と反対を表明し、拒否権を行使する。業界団体も含む小委員会ではこの主張が支持される。

この結果、「平成26（2014）年の地方からの提案等に関する対応方針」では「特定製造事業所等に係るものを除く」とされ、2018年4月から、第5次一括法に基づき、コンビナート地域の特定製造事業所等を除く事業所等の許可の事務などは指定都市に移譲されている。

このため、指定都市市長会は2015年の提案募集において、当該地域も含めるよう提案した。この提案に対して、全国知事会は関係する都道府県の意向を踏まえたうえで、手挙げ方式による検討を求める、全国市長会は提案団体の意見を十分に尊重されたいとした。このように、全国知事会は、神奈川県をはじめ、都道府県側の意向が一致しない中で手挙げ方式の活用を提案したといえる。最終的に、提案は認められなかったものの、経済産業省は一次回答で小委員会でのアンケート結果も踏まえ、「複数の県及び指定都市から『（事業所の）規模が大きく、災害発生時に指定都市の区域外へも影響を及ぼす可能性が大きいため、移譲すべきでない』といった懸念が明示的に示され」「『特定製造事業所等に係るものを除く』との結論に至っている」とした。ただ、「地域の実情に応じて自治法252条の17の2における事務処理特例により個別に移譲することが可能であることから、必要に応じて都道府県と相談してほしい」としていた。

このように、規模が大きく都道府県による補完が必要とされ、災害発生時に区域外へ影響を及ぼすという広域の視点に立って、法定移譲の対象から除外された。

3.1.3 事務処理特例による権限移譲の状況

コンビナート地域における高圧法の権限の事務処理特例による指定都市への移譲事例として、堺市の事例があり、また横浜市・川崎市では2025年4月の移譲で合意している。

堺市では、2012年10月から高圧法の権限が一括して移譲されている。堺市は、「高石市と堺市との間における消防事務の委託に関する規約」に基づき、コンビナート地域を構成する高石市の区域も含め、消防事務とともに、高圧法の事務を担い、規制対象に近い市町村、特に高度の消防力を有する指定都市が危険物の事務とあわせ、一体的に事務を行っている。権限移譲の背景には、2009年3月に策定された「大阪発"地方分権改革"ビジョン」に基づき、関

西州を目指し、住民に身近なことは市町村でという視点で、市町村に思い切っ
て権限を移譲していく考えがあった。

　神奈川県の事例では、横浜市、川崎市ともに一体性の確保等の観点から事務
処理特例による移譲を求めてきた(11)。2013 年 7 月の時点では、県と市町村
の協議により、「包括的権限移譲」の検討対象とする権限のリストに高圧ガス
の製造許可及び製造施設等の変更許可が位置づけられていたものの、2018 年
にはコンビナート地域等が除外された。県は「コンビナート地域では、爆発等
の危険がある可燃性の高圧ガス等が多数、設備機器に大量に集積されており、
災害発生時にはその被害が市域を越えて、広域的なものとなるおそれがあり」
「統一的な災害対応が行えるよう、県が高圧法の事務を引き続き行っていきた
い」(12)とし、主として広域の視点から移譲には否定的で、拒否権を行使してい
る状況であった。このように、議論が平行線となる中、2020 年 6 月に川崎市
長は自治法 252 条の 21 の 2 の指定都市都道府県調整会議の活用の検討を指示
し(13)、この結果、同年 11 月に知事・横浜市長・川崎市長が出席し、公開の
形で同会議が開催される。ここでの指定都市側の主張は従来からのもので、消
防法上の危険物製造所は、高・危混在施設といわれる高圧法上の製造事業所で
ある事例が多く、一体的な指導による保安体制の充実が図られることや、災害
発生時の迅速かつ円滑な対応が可能になることなどであった。また、1 つの論
拠が提案募集で経済産業省が示した事務処理特例による個別移譲は可能である
との見解であった。これに対し、知事は「市町村への権限移譲については常に
住民の目線で考えて、権限移譲は住民のためになるか、地域に必要なものであ
るか、これが大きな判断の基準と考えており」「特段の支障がない限り、移譲
していきたい」「高圧法の権限移譲を前提として、石油コンビナート地域の防
災力強化に向け今後両市とより一層の連携・協力を推進していきたい」とし
た(14)。この結果、移譲を前提に検討していくこととなり、2022 年 10 月には

11　川崎市は、2017 年時点で権限移譲を求めていた（川崎市 2017:23）。
12　神奈川県議会令和 1 年社会問題・安全安心推進特別委員会 2019 年 6 月 28 日工業保安課長答弁。
13　令和 2 年川崎市議会第 4 回定例会 2020 年 6 月 11 日市長答弁。
14　川崎市神奈川県調整会議議事録。
　　https://www.city.kawasaki.jp/170/cmsfiles/contents/0000122/122516/gijiroku.pdf(2022 年 11 月 19 日閲覧)

2025 年 4 月から移譲されることが発表された。知事・市長という政治家による判断にゆだねられ、公開の場で、横浜市・川崎市の市域にまたがる石油コンビナートの権限移譲を両市の市長が連携して求め、調整を行う中で、県知事としても拒否権を行使し続けることはできなかったといえよう。

　また、両事例では、広域的な体制の確保という点での検討にとどまり、移譲の可否は経済産業省の見解に依拠しており、適法性の議論はなされなかった。

3.1.4　事務処理特例による移譲の適法性の検討

　高圧法は指定都市の長が処理することに比して知事が一体的に処理することが適当である内容を政令に委任し、当該内容を政令が規定している。つまり法令は知事の一体的な処理が適当としているにもかかわらず、事務処理特例で移譲することになる。この点では、高圧法の目的が公共の安全の確保にあることを踏まえ、単に法令の文言のみではなく、具体的な内容について❶法令の趣旨等への矛盾抵触、❷効果の阻害を検討する必要がある。

　実際の事例をみると、指定都市が補完事務を担うとともに、コンビナート地域を構成する自治体と連携体制を構築し、広域的な対応を可能としている。これは、わが国最大の工業地帯である京浜工業地帯において、指定都市最大の人口規模等を誇る横浜市とともに、川崎市が、県と連携しながら、地域の実情を踏まえ、高圧法の事務を担う場合でも同様といえる。

　結果として、より多くの事務を基礎自治体に移譲するという基礎自治体優先の原則を踏まえた場合、高圧ガスによる災害の防止のための規制等を通じて、公共の安全を確保するという❶法令の趣旨等へ矛盾抵触することはない。さらに、知事が当該都道府県の区域にわたり一体的に処理することが指定都市の長が処理することに比して適当であるという点でも、コンビナート地域を対象として、危険物の事務と高圧ガスの事務を一体的に管轄することで、❷効果を阻害することはないといえる。こうしたことから高圧法で都道府県が処理することが望ましい事務として、その内容は政令委任され、文言のみをみれば法は知事の一体的な処理が適当なものとしてコンビナート地域等の指定都市への移譲を政令で除外しているものの、それが事務処理特例による移譲を認めない趣旨ではない。広域的な連携体制を構築しながら、消防法による危険物の許認可や

消防活動等を所管する市町村が担うことで、より公共の安全の確保に資するのであれば、地域の実情に応じて❶❷を考慮し、事務処理特例により移譲することは適法であるといえる。

3.2　都市計画法に基づく事業認可

3.2.1　事業認可等の概要

　都計法の事業認可は、土地収用法（以下「収用法」という。）の事業認定と比較して、論じられてきており、両者の概要をはじめに概観する。

3.2.1.1　事業認可の概要

　都計法は、国土交通省所管であり、その目的は「都市計画の内容及びその決定手続、都市計画制限、都市計画事業その他都市計画に関し必要な事項を定めることにより、都市の健全な発展と秩序ある整備を図り、もつて国土の均衡ある発展と公共の福祉の増進に寄与すること」にある。また、都市計画の基本理念として、「都市計画は、農林漁業との健全な調和を図りつつ、健康で文化的な都市生活及び機能的な都市活動を確保すべきこと並びにこのためには適正な制限のもとに土地の合理的な利用が図られるべきこと」を規定している。

　都計法に基づく事業認可とともに、都市計画決定、収用法に基づく手続は、**図表5-3-2**のとおり整理できる。都市計画決定については、広域的なものなどを除き、市町村が行うこととなっている。都市計画決定では、同16条1項の公聴会の開催等、同17条1項、2項の都市計画案の縦覧など、住民等の意見徴収の手続とともに、同19条1項に基づき、都市計画審議会の議を経た決定が必要となる。都市計画決定により、同53条の建築制限等がなされることになる。

　事業認可については、都計法59条1項で、都市計画事業は、「市町村が、知事の認可を受けて施行する」と規定され、市町村都市計画事業の認可は知事の権限であり、同事務は自治事務となっている。認可基準は、同61条で、申請手続が法令に違反せず、かつ、①事業の内容が都市計画に適合し、かつ、事業施行期間が適切であること、②事業の施行に関して行政機関の免許、許可、認可等の処分を必要とする場合においては、これらの処分があったこと又はこれ

図表 5-3-2　市町村事業の事業認可等の流れ

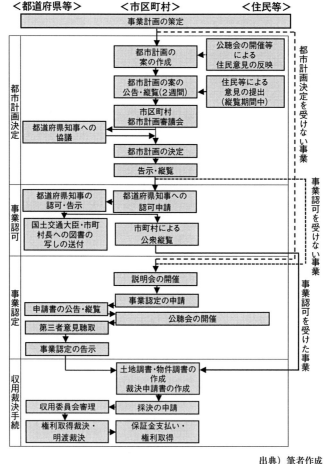

出典）筆者作成

らの処分がされることが確実である場合となっている。こうした場合に、認可できるとなっており、認可には裁量が認められている。事業認可を経て、都計法65条で、より厳しい建築等の制限が課される。なお、収用法に基づく事業認定期間は1年であるが、都市計画事業では施行期間を弾力的に設定できる(15)。

　都市計画事業については、都計法70条1項で、収用法20条の規定による事業認定は行なわず、都計法59条の規定による認可をもってこれに代えると

され、事業認可を経て、土地収用を行うことが可能となっている。

この趣旨は「都市計画事業については、都市計画決定から都市計画事業の認可または承認に至る一連の手続が法の規定に従い適法に行われているものであれば、当然当該事業は、収用法20条各号の要件を満たすものとする立法政策を採ったもの」[16]となっている。

また、都市計画決定については処分性がなく、当該決定をめぐって、都市計画事業認可の段階で訴訟が提起されることが多い。この際の争点としては、都計法61条の認可基準のうち、事業認可の前段の都市計画決定の違法性という点で、都市計画への適合とともに、事業施行期間の妥当性について争われている。前者については「行政庁の広範な裁量にゆだねられているというべきであって」「社会通念に照らし著しく妥当性を欠くものと認められる場合に限り、裁量権の範囲を逸脱し又はこれを濫用したものとして違法とすべきものと解するのが相当である」[17]とされ、都市計画決定を行う行政庁、市町村事業でいえば、市町村の裁量を認めている。

後者の事業施行期間の妥当性の判断について、法は認可権者の「広範な裁量にゆだねて」おり、「裁量権の範囲を逸脱し、又はこれを濫用したものと認められるような場合でない限り、事業認可について違法の問題を生じない」[18]とされている。

都計法61条2号の裁量は狭く、事務処理特例による移譲に当たっては、収用法の手続と比較し、市町村決定の事業について、施行期間の妥当性判断の裁量をどうとらえるかが重要となる[19]。

15　阿部は、土地収用の場合には、収用法29条に基づき、起業者が事業認定を得ても、原則として1年以内に収用裁決の申請をしないと失効するのに対して、都市計画事業では当該規定が排除され、長期間経って、事情が著しく変わった場合には、この法制度は極めて不合理としている（阿部2009:252-253）。本書では、現行制度を前提としており、こうした論点は取り上げない。

16　東京高判平成7年9月28日行政事件裁判例集46巻8・9号790頁。

17　最高小判平成18年11月2日最高裁判所民事判例集60巻9号3249頁。

18　東京高判平成15年12月18日最高裁判所民事判例集59巻10号2758頁。

19　国の事例ではあるが、収用法の事業認定に比して、事業承認については、「実質、『事業の内容が都市計画に適合していること』の要件だけで比較的容易に得られる」との指摘もある（田島2016）。

3.2.1.2　収用法の概要

　収用法の目的は「公共の利益となる事業に必要な土地等の収用又は使用に関し、その要件、手続及び効果並びにこれに伴う損失の補償等について規定し、公共の利益の増進と私有財産との調整を図り、もって国土の適正且つ合理的な利用に寄与すること」にあり、「公共の利益となる事業の用に供するため土地を必要とする場合において、その土地を当該事業の用に供することが土地の利用上適正且つ合理的であるときは、この法律の定めるところにより、これを収用し、又は使用することができる」と規定し、対象事業は収用法3条に規定されている。

　なお、収用法は、2001年に1967年以来、約30年ぶりとなる改正が行われた。事業認定は、透明性・公正性・合理性を確保するために、①収用法15条の14に基づく事業認定申請前における利害関係人に対する説明会の開催や、②収用法23条に基づく事業の認定に関する処分の際の公聴会の開催の義務付け、③収用法22条に基づく第三者機関からの意見聴取などが規定されるに至っている。

　事業認定については、収用法20条において、知事は、申請に係る事業について、①事業が同3条各号の一に掲げるものに関するものであること、②起業者が当該事業を遂行する充分な意思と能力を有する者であること、③事業計画が土地の適正且つ合理的な利用に寄与するものであること、④土地を収用し、又は使用する公益上の必要があるものであることのすべてに該当するときは、事業の認定をすることができるとし、認定庁の裁量を認めている。

　この認定に当たって、①は3条の対象事業であることに裁量はない。②の「意思」は自治体の場合、議会の議決の有無、「能力」は事業を遂行する法的、経済的、実際的（企業的）能力であり[20]、自治体であれば予算の裏付けを持った対応が可能であり、裁量の点で問題となることはないと考えられる[21]。③の「土地の適正且つ合理的な利用」は、「事業の用に供されることによって得られる公共の利益と当該土地がその事業の用に供されることによって失われる

20　東京地判平成17年11月25日判例時報1919号15頁。

利益とを比較衡量し、前者が後者に優越する状態で利用されることを意味」し、「事業認定庁には、その判断において裁量権が与えられている」[22]。④の公益上の必要は、③によって「事業計画自体の合理性が肯定される場合であっても、当該土地を取得するのに強制的な土地収用という手段を用いるだけの『公益主の必要性』（原文ママ）を要することを規定したものと解され、この公益性に関する判断は事業認定庁の専門的・技術的判断に基づく裁量に属し、裁量権の範囲を超え又はその濫用があると認められる場合に限り違法となる」[23]。

　このように事業認定の 4 つの要件のうち、市町村事業の場合には、①②の要件は満たし、都計法の事業認可の裁量と比較して、③④の裁量をどうとらえるかが重要といえる。

3.2.2　法定移譲の検討経過

　これまで都市計画事業の認可権限の市町村への移譲が幾度となく議論されてきている。2007 年 9 月の第 16 回地方分権改革推進委員会に全国知事会が提出した「地方分権改革への提言」では、「広域的影響が小さく、同一市町村で完結する都市計画事業に関する事務（道路、公園等に係る事業認可、事業実施等）については都道府県から市町村に移譲すべき」「法定手続きを経た既決定の都市計画に則して実施するものであるため、事業認可は廃止すべき」との提言がなされる。さらに、10 月に開催された第 23 回の同委員会で都市計画事業認可が取り上げられる。当日配布された文書では、委員会から「都市計画決定の際に住民の意見を十分反映し、都市計画審議会の議を経るなど、公立性・中立性を確保できていることから、都市計画事業の施行者たる市町村に対する都道府県の認可は廃止してもよいのではないか」との質問が示される。これに対し、国土交通省は「収用法では、土地収用による事業が実施される際には、第三者の認定を受けることとされているところであるが、都市計画事業につい

21　「民間企業とは異なり地方公共団体である 25 市 2 町が地方自治法に基づいて設立した一部事務組合であることからすれば、将来本件処分場の管理に問題が生じたとしても、予算の裏付けを伴った適切な対応を行うことが期待できる」とされ（東京高判平成 20 年 3 月 31 日判例地方自治 305 号 95 頁）、市町村事業であれば当該要件を満たすと考えられる。

22　東京高判平成 20 年 3 月 31 日判例地方自治 305 号 95 頁。

23　前掲注。

図表 5-3-3　都市計画事業認可の移譲経過

	内容
2007 年 9 月 4 日	第 16 回地方分権改革推進委員会、全国知事会が「地方分権改革への提言」提出
2007 年 10 月 15 日	第 23 回地方分権改革推進委員会、都市計画事業認可の審議
2008 年 5 月 28 日	地方分権改革推進委員会第 1 次勧告、事業認可は都市計画決定権者が行う
2013 年 6 月 25 日	第 30 次地方制度調査会「大都市制度の改革及び基礎自治体の行政サービス提供体制に関する答申」(手交)
2014 年	横浜市等が事業認可権限の移譲を提案

出典：内閣府 HP 等から筆者作成

ても同様に、事業者に収用権限が付与され、強制力が発動されることから、事業の施行についての公正性を確保するため、中立的な第三者による認可に係らしめているものである。そのため、都市計画決定の際ではなく、施行主体や事業施行期間等の具体的な事業計画の内容が明らかとなり、都市計画事業が実際に着手される段階（都市計画決定により直ちに都市計画事業が着手されるわけではない。）において、事業実施の確実性を踏まえて、第三者による認可が行われることが適当である」とした。これに対し、委員長の丹羽宇一郎は、全国知事会の提言も踏まえ、都市計画決定と事業認可が二重手間であることを主張する。

　この結果、地方分権改革推進委員会の勧告については府省の了解を得なかったものが多いとされる中（西尾 2013:92-94）、2008 年 5 月の第 1 次勧告では、事業認可の廃止ではなく、「市・特許事業者施行の都市計画事業の認可等に係る事務については『都市計画決定権者』が行うこととする」とされた。しかしながら、地域主権改革を一丁目一番とする民主党政権下においても国土交通省が拒否権を行使した当該権限の移譲が具現化することはなかった。

　30 次答申でも都道府県の事務のうち指定都市に移譲されていない主な事務とされ、3 分の 2 以上の指定都市が移譲に賛成していた。知事の事業認可権限については、事務処理特例による移譲実績があった。しかし、当該事務の移譲は見直し方針では取り上げられなかった。

　さらに、2014 年の提案募集では、横浜市などが都市計画事業の認可権限の移譲を提案した。全国知事会は、自らの提言を踏襲し、地方分権改革推進委員会の第 1 次勧告を踏まえ、「都市計画事業の認可権限については、都市計画決

定権者に移譲するべき」、全国市長会も「提案団体の提案の実現に向けて、積極的な検討を求める」とした。

　だが、国土交通省は、「すでに過去の議論（「見直し方針」、「義務付け・枠付けの第4次見直しについて」（2013年3月12日閣議決定）、「地域主権戦略大綱」（2010年6月22日閣議決定）の決定に至るまでの議論）において結論が出ている」として、実質ゼロ回答であった。具体的には、「都市計画事業は、その認可により、収用法上の収用権が付与されることから、収用法の仕組みと整合性をとる必要があ」り、「収用権付与については、地域の利害と一定の距離を置いた第三者がチェックを行い、公平性・公正性を確保することが必要である」ことから、「収用法においても、収用権を付与する事業の認定は都道府県知事が行っている」というものであった。

　このように国土交通省は、事務処理特例に言及していないものの、法の仕組みを持ち出して、法定移譲を認めないという見解を示していた。また、提案募集方式で提案しても、地方分権改革推進委員会の提言への対応として民主党の政務三役が府省で働きかけを行っても移譲できなかったとすれば、何らかの状況変化や既成事実の積上げがなければ実現は容易ではないのである。

　なお、国土交通省を含め、国の機関が行う都市計画事業については、都計法59条3項に基づき、国土交通大臣の承認を受けて、施行することができる。59条2項の都道府県事業に対する認可権限は都計法85条の2及び同法施行規則59条の3に基づき、地方整備局長及び北海道開発局長に委任されているが、国の機関が行う都市計画事業の承認は大臣が行うこととなっている。収用法の事業認定も同様に、国が事業者となるものは委任されていない。このように都計法と収用法の整合はとられているものの、国土交通大臣が国土交通大臣の行う事業を承認する事例もあり、国土交通省の指摘する第三者性が国土交通省の事業においてどこまで確保できているのかは疑問が残るといえる。

3.2.3　事務処理特例による権限移譲の状況

　事務処理特例による移譲は、埼玉県、京都府、徳島県で行われている。このうち、埼玉県では、2010年12月に2011年度から2013年度を対象とする第3次埼玉県権限移譲方針が策定され、都市計画事業認可を含め、「地方分権改

革推進委員会の第一次勧告で権限移譲を進めるべきとされた事務（85 項目 394 条項）については、原則としてすべて移譲対象事務とされ」た。さらに、特色ある市町村行政の運営を支援するため、特別に支援を行う特定分野の事務を包括的にまとめた 18 の「分野別パッケージ」の 1 つとして都市計画事業認可が設定され、移譲が進められる。このように、県側は個別の移譲の適法性を検討するというよりは、地方分権改革推進委員会の動向にあわせて積極的に権限移譲を進めようとしていた。そして、2012 年度から 2022 年 11 月現在までに、県内 41 市のうち 18 市にまで移譲された。

　また、事務処理特例による移譲を受けた団体では、事業認可と都市計画事業の実施部局を別の課にするなど、一定程度自治体内で分掌させる対応を行っているものもみられる[(24)]。

　一方、神奈川県では、川崎市が「認可権限の移譲を受ければ、都市計画手続きと同時進行で認可取得の課題等を整理することにより、事務の効率性が高まり、事業の早期効果発現が期待され」るとし（川崎市 2022：38）、事務処理特例による移譲を求めている。これに対し、神奈川県の特別自治市構想等大都市制度に関する研究会は、特別自治市という一層制の自治体に移行する前提として、提案募集方式等における国の法定移譲に関する見解を引用し、事業認可権限は「事業の公平性や客観性の観点から、都道府県に権限が留保されている」としている（特別自治市構想等大都市制度に関する研究会 2021：17）。

　埼玉県、神奈川県の事例では、地方分権改革推進委員会など、他の主体の動向を踏まえた対応となっており、自主的に法解釈を行い、移譲の可否を検討しようとするものではなかった。

3.2.4　事務処理特例による移譲の適法性の検討

　このように国土交通省は収用法の事業認定との関係で都計法の事業認可を整理し、当該権限の法定移譲は適当でないとの指摘を行っていた。

　認可・承認を得た都市計画事業が収用法上の認定に代えているのは、都市計画決定の手続と一連の流れでとらえているためであり、収用権を付与する都計

24　筆者が事務処理特例による移譲を受けた団体の事務分掌規則を HP で調べた結果、31 団体のうち、13 が別の課などで対応、4 が同一課で対応、14 が不明という状況であった（2022 年 8 月 1 日閲覧）。

法の事業認可は、収用法の事業認定と直接比較し同列で論じられるものではなく、全体として検討する必要がある。この点で、事業認定と比較すると、前段で都市計画決定を経ている事業認可庁の裁量は限定的といえるのである。

　判例でも、事業認可では、都市計画決定との整合性が指摘されているのであり、その都市計画決定の裁量は市町村にある中、整合性という点での事業認可庁の裁量は非常に限定的といえる。ここで問題となるのは施行期間である。たしかに、当該期間にわたり私権を制限することにつながるという点では、慎重である必要はある。だが、都市計画道路をはじめ、事業所管部署には、事業認可後、迅速に事業を進捗させ、可能な限り短い期間で事業を終了させ、当該事業の効果を発現させていくことが求められ、さらには、事業認可後の事業中止は非常に限定的であることを踏まえれば、施行期間を不当に長く設定するといったことは通常想定されない。くわえて、事務処理特例による移譲を受けた団体には、事業認可と都市計画事業の実施部局を別の課にするなど、一定程度自治体内で分掌させる対応を行っているものもある。さらに、事務処理特例による移譲の場合には、是正の要求の特則が設けられており、違法等の場合には都道府県という第三者が関与することができ、公益の調整のみならず、都計法が保護する個人的利益をも確保される。

　こうしたことを総合的に勘案すれば、事務処理特例により事業認可権限を移譲し、自治体内で一定の役割分担を行いながら、権限を行使したとしても、都市計画の基本理念である「適正な制限のもとに土地の合理的な利用が図られる」、特に私権の適正な制限という❶法令の趣旨に矛盾抵触するものではない。また事業認可権限の移譲により、事務を分掌しながら、市町村が都市計画決定と一体的に業務を担ったとしても❷法令の効果を大きく阻害するものではなく、違法ではないと考えられる。

4　本章の結論

　本章では、事務処理特例による権限移譲について、提案募集方式で府省が見解を示した事例を取り上げ、次の3点を指摘することができた。

1つ目が、過去の経過がある中で提案募集方式において提案しても「自治体の所掌事務拡張路線」につながる権限移譲は容易ではない点である。本章の2事例は、地方分権改革推進委員会の勧告などにも取り上げられてきており、地域主権改革を一丁目一番地とする民主党政権下で政務三役が働きかけを行ったことも考えられる。こうした中でも、実現をみていない権限であり、提案募集方式における重点事項にも取り上げられず、様式でのやり取りにとどまった。内閣府地方分権改革推進室による前さばきの段階で重点事項に選定されず、提案部会で議論されないとすれば、その実現は一層難しいといえるし、逆に難しいから選定されていないことも考えられるのである。

　2つ目が、事務処理特例の移譲対象に係る都道府県・市町村間の協議では、地域の事務の実情を踏まえつつも、府省等の見解が一定の重要性をもっていることである。埼玉県が都市計画事業認可権限の移譲に取り組んだのは地方分権改革推進委員会の勧告に盛り込まれたことが大きく、また高圧法の権限移譲に当たって横浜市・川崎市の主張は、提案募集方式における経済産業省の見解を踏まえたものであった。この点では自主的な法解釈をしていこうというものではなかったことが指摘できるのである。

　3つ目が府省が法的枠組みを持ち出し、法定移譲に拒否権を行使した事例でも、事務処理特例による移譲は適法といえる場合があることである。高圧法の権限について、法令では、公共の安全の維持又は災害の発生の防止の観点から知事が当該都道府県の区域にわたり一体的に処理することが指定都市の長が処理することに比して適当であるとされ、法定移譲から除外されている。だが、広域的な体制を構築しながら、消防の権限を有する指定都市が権限移譲を受け、安全性が高まるのであり、適法と結論付けた。また、第三者性から移譲は困難とされた都市計画事業の認可であっても、事務処理特例を用い、都道府県と市町村が協議を重ね、地域の実情に応じて移譲することは適法と結論づけた。

　2000年の分権改革から20年余りを経て、過去の議論が蓄積され、法定移譲が難しいものも多くなっている。本章の検討を踏まえれば、こうした中でも、事務処理特例の可能性について都道府県と市町村が協議を重ね、自主的に法解釈を行い、住民に分権の成果を還元していくといった視点から取組を進めてい

く重要性を指摘できるのである。

第6章　補論　規制緩和と提案募集方式

　これまで本書では、事務処理特例による権限移譲の実績のあるもののうち、提案募集方式等で検討された事例を対象として、手挙げ方式による権限移譲や法律による一律の権限移譲・不移譲の決定過程等について分析してきた。提案募集方式を通じた権限移譲の件数は減少傾向にあり、むしろ「自治体の自由度拡充路線」に位置づけられる義務付け・枠付けの見直しといった規制緩和に分類される取組が中心となってきている。

　本章では、補論として従うべき基準の導入という事業側の立場に立った質の確保のための集権対応と、参酌基準化という分権対応が行われた放課後児童健全育成事業の基準を取り上げ、分析を行っていく。

1　放課後児童健全育成事業の概要等

1.1　事業の概要と経過

　1950年代後半から母親の就労の増加に伴って、いわゆる「鍵っ子」として、放課後、保護者が家庭にいない子どもの豊かで安全・安心な生活保障が社会問題として取り上げられるようになった。こうした状況の中で、1950年代、大阪市では、児童館で「学童クラブ」が発足し、小学校教師により、小学校内で開設されるなど（全国学童保育連絡協議会編 2019:189）、放課後児童健全育成事業は地域の取組として開始された。1960年代、「都市部では共働き家庭が増えるとともに核家族化が進み」、都市部で行われていた共同保育等に自治体が補助金を出すようになり、さらに公立の施設も開設された（福士 2016:5）。

このように、放課後児童健全育成事業は、地域や自治体の取組から開始され、「学童保育」として保護者等の自主運営や市町村の単独補助による事業として全国的に広がり、地域の実情に応じて多様な主体により運営されていく。

それに追随する形で、当時の厚生省も 1976 年度から、留守家庭児対策や健全育成対策として国庫補助を開始し、1998 年 4 月には改正児童福祉法の施行により、放課後児童健全育成事業を同法に位置づけた。ただし、同法 21 条の 11 で市町村は放課後児童健全育成事業の利用の促進に努めなければならない、さらに、34 条の 7 で市町村、社会福祉法人、その他の者は、同事業を行うことができると規定されるにとどまり、市町村に実施の義務はなかった。同時に社会福祉法も改正され、放課後児童健全育成事業は、第 2 種社会福祉事業として位置づけられ、開始後に届出が必要となった。

2000 年の分権改革では、自治事務に位置づけられたものの、児童福祉法の規定は改正されず、努力義務であり、義務のない状況に変わりはなかった。

1.2　放課後児童健全育成事業に係る量的拡大と質の確保

2000 年代に入り、国は、放課後児童健全育成事業の拡大に取り組んでいく。この底流には、共働き家庭で小学校入学時に放課後の子どもの面倒をみる必要が生じ、仕事と子育ての両立が困難になる「小 1 の壁」、さらには放課後児童健全育成事業の対象でなくなり、就労継続が困難となる「小 4 の壁」の解消があった（少子化社会対策大綱（2015 年 3 月 20 日閣議決定）、池本 2016:26 など）。特に、2012 年以降の安倍内閣でのさまざまなスローガンに貫かれてきたのは「＜少子化問題／人口減少問題＞を日本経済の『最大の壁』と捉え、『①出生率を上げて将来の働き手を増やす、②現在の働き手を増やす、③労働生産性を上げる』との考え方」であった（齋藤 2018:108）。この点では、経済的側面が強かったといえる。

放課後児童健全育成事業の量的拡大の側面をみると、国は 2007 年 3 月に「放課後子どもプラン」、2014 年 7 月に「放課後子ども総合プラン」、2018 年 9 月に「新・放課後子ども総合プラン」を策定し、取組を進めていく。この結果、2015 年 4 月からの対象児童の拡充もあり、2007 年には約 75 万人であった放

課後児童健全育成事業の登録児童数は 2022 年には約 139 万人に達する。

　質的確保の側面として、2007 年 10 月に厚生労働省は「放課後児童クラブ
ガイドライン」を発出する。この位置づけは、自治法 245 条の 4 第 1 項に基
づく技術的助言であり、「『最低基準』という位置づけではなく」、「運営するに
当たって必要な基本的事項を示し、望ましい方向を目指すもの」であった。

　しかしながら、子ども・子育て支援新制度の導入とあわせて、2015 年 4 月
には、児童福祉法 34 条の 8 の 2 第 2 項に基づく「放課後児童健全育成事業の
設備及び運営に関する基準（以下「基準省令」という。）」が施行され、従事す
る者及びその員数については従うべき基準、それ以外は参酌すべき基準となる。

　基準省令において従うべき基準として支援の単位ごとに 2 人以上支援員を
配置することとした理由について、柏女は「『授業とは異なる育成支援業務の
特性』『安全・安心への配慮』『代替管理者・職員の不在』の 3 点」とし、ま
た資格要件として「研修受講を要件とした理由は『子ども観や援助観が異なる
多様な基礎資格を有する者が、放課後児童支援員としての共通認識をもって
チーム運営をしていくため』」とする（柏女 2019b）。このように従うべき基準
の意義が指摘される一方、木村は、現場の立場から、基準省令が「公布され、
指導員の資格と配置基準が『従うべき基準』として定められたことは、全国的
な一定水準の質の確保に向けて踏み出した大きな一歩」と評価しつつも、「こ
の基準を守ることで、現在、クラブ存続が厳しい学童クラブが増加しているこ
とも事実」と指摘していた（木村 2019：63-64）。

　その後、2020 年 4 月には、2017 年の地方三団体の連携した提案など、提
案募集方式を通じた地方の声などを背景に、従うべき基準が参酌基準化される。

2　本章の検討の視点

　こうした放課後児童健全育成事業の基準設定等を取り上げ、検討を行う本章
の視点は次のとおりである。

　第 1 が従うべき基準の導入、そしてその参酌基準化の要因である。従うべ
き基準が導入された当時は民主党が政権を担っており、同党は地域主権改革を

一丁目一番地として政権運営を進めていた。参酌基準化の検討時には自民党・公明党の連立政権となっていた。さらに、制度には慣性が働くとされ、いったん導入された制度を変更するのは容易ではない。こうした中で、地域主権と反するように、民主党政権下で新たな従うべき基準が設けられ、5 年という短期間に自民党・公明党連立政権下で参酌基準化された要因を分析していく。

　第 2 が自治体の対応である。法定基準の設定に対して指定都市がどう対応したのか、さらに、参酌基準化にどう対応したのか分析していく。

　こうした放課後児童健全育成事業を対象に、本章では、おおむね 2010 年から 2012 年の従うべき基準等の導入、2016 年から 2018 年の参酌基準化の要因とともに、2020 年以降の参酌基準化を踏まえた自治体の対応を分析する。

　なお、分権・集権の区分として、本章では、従うべき基準の存在しない 2015 年の子ども・子育て支援新制度導入以前と比較することとし、当時と比較して、一定の義務付け・枠付けが行われた場合には、たとえ地方に裁量が認められても、集権として扱っている。また、放課後児童健全育成事業における待機児童や放課後児童支援員不足は、基準とともに、支援員の処遇等の問題ともかかわっているが、本章では、この点は取り上げない。

3　集権と分権の過程

3.1　集権の過程　基準の法定化

　民主党は、2009 年 9 月に政権交代を実現させる。同党は、チルドレンファーストを掲げ、そのマニフェストで、子ども手当の支給、公立高校の実質無償化等とともに、待機児童の解消を位置づけ、縦割り行政になっている子どもに関する施策を一本化し、質の高い保育の環境を整備するとしていた。マニフェストを踏まえ、「介護保険制度を模した仕組み」であり、「狭義の公的福祉制度と個人の尊厳、利用者主権を重視する給付制度との併存システム」（柏女 2015：iv、2）である子ども・子育て支援新制度の検討が進められていく。

　2010 年 1 月の第 9 回の少子化社会対策会議では「子ども・子育て新システム検討会議（以下「検討会議」という。）」の設置が決定され、共同議長に、内

閣府特命担当大臣（行政刷新）・国家戦略担当大臣と内閣府特命担当大臣（少子化対策）が就任する。

　この検討過程を**図表6-3-1**に示した。2010年6月の検討会議では、子ども・子育て新システムの基本制度案要綱が決定され、放課後児童健全育成事業については、放課後児童給付（仮称）を設け、個人に対する利用保障を強化するとされる。要綱をベースに、内閣府副大臣が座長を務め、自治体、労使代表を含む負担者、子育て当事者、NPO等の子育て支援当事者等からなる「子ども・子育て新システム検討会議作業グループ基本制度ワーキングチーム（以下「WG」という。）」で議論が進められていく。

　このように、民主党のマニフェストに位置づけられた待機児童対策、子ども施策の一本化という全体の政策課題の中に放課後児童健全育成事業も位置づけられ、さらには、子ども・子育て新システム全体に係る会議体で制度の検討が行われることになる。この結果、分権より、質を確保する視点が優先されていく。

図表6-3-1　基本制度ワーキング等における主な検討経過

	内容
2010年6月25日	第2回検討会議で子ども・子育て新システムの基本制度案要綱決定 ・放課後児童給付（仮称）を設け、個人に対する利用保障を強化
2010年11月15日	第4回WGで放課後児童給付（仮）、量的拡大と質の確保の議論 ・市町村にサービス提供、基盤整備の責務を課し、ニーズに応じた計画策定 ・最低限必要な全国一律の基準を設定、市町村の柔軟なサービス提供を可能とする仕組み
2011年7月6日	第14回WGで子ども・子育て新システムに関する中間とりまとめ（案）提示 ・放課後児童給付（仮）でなく、市町村が需要の見込み等の計画を策定し提供体制を確保 ・質の確保のため、国は一律の基準を設定することとし、裁量の範囲は今後検討
2012年1月20日	第19回WGで次の3案提示 ①国の基準を踏まえ、条例で定め、基準は、「参酌すべき基準」 ②国の基準を踏まえ、条例で定め、職員の資格、員数は「従うべき基準」、それ以外は「参酌すべき基準」 ③国の基準は、実態を踏まえ、弾力的な基準としつつ、所要の経過措置を設定次
2012年1月31日	第20回WGで子ども・子育て新システムに関する基本制度とりまとめ（案） ○法令上の基準を新たに児童福祉法体系に設定 ○基準は条例で規定。職員資格、員数は「従うべき基準」とすることも含め、法的整理

出典：厚生労働省HP等から筆者作成

　実際、放課後児童健全育成事業について議論された 2010 年 11 月の第 4 回 WG では、事務局から、市町村に実施の責務を課したうえで、最低限必要なものは国が一律の基準を設けつつ、市町村が柔軟なサービス提供を可能とする仕組みを構築するとの提案がなされ、子ども・子育て支援新制度導入以前よりも自治体への義務付け・枠付けを強化する方向が示される。さらに、当事者等からは、国としてのナショナル・ミニマムの確保、児童福祉法での最低基準の設定、市町村の実施責任の強化など、分権と反する意見が出される。一方、地方三団体の意見は、こうした枠組みが民主党の掲げる地域主権の推進とは逆行するというものであった。

　2011 年 7 月の第 14 回 WG では、中間とりまとめ案が示され、放課後児童給付（仮称）の記述はなくなり、市町村が地域のニーズ調査等に基づき実施する旨を法定する、人員配置などについて、国は一律の基準を設定し、地方の裁量の範囲は、今後、更に検討するとされる。この内容が検討会議、少子化社会対策会議で示され、中間とりまとめとして決定される。

　2012 年 1 月の第 19 回 WG で子ども・子育て新システムに関する基本制度とりまとめ（案）が示され、その中では放課後児童健全育成事業の基準として①参酌すべき基準として職員等の資格等を定めるもの、②職員の資格、員数は従うべき基準、それ以外は参酌すべき基準とするもの、③基準は、現行の事業実態を踏まえ、弾力的な基準を設定し、経過措置を設けるという 3 案が示される。全国市長会は目指すべきは①、現実的に移行期間などを考えると、③も必要、町村会は①と分権的な考えを主張する。一方、当事者等は②を主張する。この際、地方は拒否権を行使することはなかった。子ども・子育て施策の課題としてフレーミングされ、議論が進められる中で、こうした対応は難しかったとも考えられる。

　最終的に 2012 年 1 月の第 20 回 WG では「質を確保する観点から、職員の資格、員数、施設、開所日数・時間などについて、国は法令上の基準を新たに児童福祉法体系に設定する。国が定める基準を踏まえ、市町村が基準を条例で定める。職員の資格、員数については、現行の事業実態を踏まえ、『従うべき基準』とすることも含め、法制的に整理する」との内容で合意され、少子化社

会対策会議、検討会議でも了承される。

　政府は、従事者、員数は従うべき基準、その他の事項は参酌すべき基準とした法案を通常国会に提出する。自民党・公明党との合意形成過程で、幼保一元化の象徴であった総合こども園はなくなり[1]、従来の認定こども園制度の修正等がなされ、2012年8月に可決・成立する。この議論の中心は総合子ども園等であり、放課後児童健全育成事業の基準は対象とはならず、原案のまま成立した。

　基準省令の検討は「社会保障審議会（放課後児童クラブの基準に関する専門委員会）」で行われる。同委員会には「運営費を拠出している事業主の代表が参加しておらず、いわば親会議である子ども・子育て会議において注文がつく」こともあったという（柏女 2019a：144）。しかしながら、既に法で規定された内容を踏まえ、技術的助言に過ぎない放課後児童クラブガイドラインや国庫補助基準をベースに強化がなされ、従うべき基準として有資格者を2名以上配置すること、資格制度として放課後児童支援員制度を創設すること、参酌すべき基準として支援単位をおおむね40人程度までとすることなどが規定されるのである[2]。このように、子ども・子育て支援新制度という子ども・子育て施策全体の見直しの中に位置づけられ、子ども・子育て施策の課題として放課後児童健全育成事業がフレーミングされ、質の確保対分権という形で検討が進められた。こうした中では、地域主権改革を一丁目一番地とする民主党政権であっても質の確保を優先し、検討のはじめの段階から一律の基準の設定という案を提示せざるを得なかった。さらには、その検討組織も子ども・子育て施策をどうしていくかというものであり、結果として、地方が主体的に取り組んできた放課後児童健全育成事業であっても、その裁量を狭めるような集権対応が行われたといえる。実際、従うべき基準の設定によって、資格を有した職員

1　2012年6月15日に民主党、自民党、公明党で合意した「社会保障・税一体改革に関する確認書」では、子育て関連三法案の修正等が明記されているが、放課後児童健全育成事業に係る記載はなかった。

2　委員長を務めた柏女は「せっかくの追加財源で質の向上を図ることがうたわれているわけですから、現状追認の基準では意味がありません」としたうえで、「放課後児童クラブにおける『複数配置』を議論した第6回の専門委員会がポイントだった」としており（柏女 2019a：144）、質の向上が重視され、分権といった視点はなかったと考えられる。

の確保が困難であったり、利用児童が数人の場合も放課後児童支援員を 2 名配置しなくてはならず、運営に支障や負担が生じる状況であった（内閣府地方分権改革推進室 2022：22-25）。

3.2　分権の過程　参酌基準化

　2015 年 4 月から放課後児童健全育成事業に、参酌すべき基準とともに、従うべき基準が導入され、自治体は当該基準を踏まえ、基準を定めた条例を施行させる。ただし、もともと自治体が独自に進めてきた事業領域において義務付け・枠付けの導入という集権対応が行われたことで、反発も大きく、提案募集方式で従うべき基準の参酌化が提案される。この結果、参酌基準化が地方分権の課題としてフレーミングされ、行政法学者等で構成される提案部会を中心に分権対集権という形で検討されていく。

　こうした経過を**図表 6-3-2** に示した。2016 年に放課後児童健全育成事業に係る提案は重点事業として位置づけられ、提案部会でヒアリングが行われる。だが、その内容は放課後児童支援員の認定資格研修の受講免除要件や配置要件の緩和など、基準を見直すものであり、従うべき基準の参酌基準化を求めるものではなかった。また、第 44 回の提案部会で全国知事会は従うべき基準の参酌基準化を求めたものの、その中に放課後児童健全育成事業は明記されていなかった。前年、全国知事会は権限移譲を前面に押し出していたものの、第 44 回では、義務付け・枠付けの見直しが一番に示されていた。これは権限移譲の提案が先細りとなり、地方分権の目玉的な事業がなくなってきた状況を表していたといえる。

　放課後児童健全育成事業の参酌基準化へと議論の流れが変わるのが 2016 年 12 月に実施された「義務付け・枠付けに関する支障事例の調査」（地方六団体地方分権改革推進本部事務局）である。調査では、回答のあった 1,736 団体のうち、最も多い 217 団体が従うべき基準により支障があるものとして同事業を挙げていた。なお、2017 年 7 月の「放課後児童クラブに関する実態調査」（地方六団体地方分権改革推進本部事務局）でも、放課後児童支援員の資格の従うべき基準の参酌基準化を求める回答が 62.6%、従うべき基準の存置が

図表 6-3-2　提案部会等における主な検討経過

	内容
2016 年	提案内容：「放課後児童支援員認定資格研修」に関する受講免除等の要件緩和等
2016 年 8 月 30 日	第 44 回提案部会で三団体ヒア：知事会が従うべき基準の廃止・参酌化を主張
2016 年 12 月 20 日	対応方針 ○研修の実施主体として指定都市を含めることを検討 ○実施主体の判断による免除等を許容、受講科目・経過措置については検討
2016 年 12 月 2 日～28 日	三団体：「義務付け・枠付けに関する支障事例の調査」実施 217 自治体が「従うべき基準」により、放課後児童健全育成事業に支障との回答
2017 年	提案内容：放課後児童健全育成事業に係る「従うべき基準」等の見直し（三団体等）
2017 年 7 月	三団体：「放課後児童クラブに関する実態調査」を実施 ○参酌基準化が 62.6%、存置が 25.4%
2017 年 8 月 7 日	第 58 回提案部会で厚生労働省ヒア：参酌化は困難、特例による対応は柔軟な運用を検討
2017 年 10 月 22 日	衆議院選挙で自民党は幼児教育の無償化を掲げ圧勝
2017 年 10 月 26 日	協議の場で放課後児童クラブの従うべき基準の参酌基準化を要望
2017 年 12 月 26 日	対応方針 参酌化について、地方分権の議論の場において検討し、平成 30（2018）年度中に結論を得る
2018 年 2 月 19 日	第 70 回提案部会で厚生労働省ヒア：従うべき基準の参酌化の検討のため、実態の把握調査を提案
2018 年 5 月 11 日	第 71 回提案部会で厚生労働省ヒア：調査を踏まえて参酌化も含めて検討
2018 年	提案内容：放課後児童クラブに係る「従うべき基準」等の見直し
2018 年 5 月 31 日	幼稚園、保育所、認定こども園以外の無償化措置の対象範囲等に関する検討会 報告書とりまとめ：5 年間の経過措置として、指導監督の基準を満たしていない場合でも無償化の対象
2018 年 6 月 18 日	厚生労働省：新聞報道で、参酌基準化でなく、従うべき基準の一部緩和との報道
2018 年 10 月 15 日	協議の場：全国市長会が無償化に関し、無認可保育所等を対象とすることについて意見
2018 年 10 月 19 日	第 84 回提案部会で厚生労働省ヒア：基準の緩和や参酌化の内容についてもう少し検討
2018 年 11 月 9 日	知事会議：総理は、地方に任せるのが当然との発言
2018 年 11 月 19 日	第 87 回提案部会で厚生労働省は、方針を転換、参酌化を容認
2018 年 12 月 25 日	対応方針：「従うべき基準」は「参酌すべき基準」とする 三団体声明：人員配置基準等が「参酌すべき基準」とされることの意義は大きい
2019 年 6 月 7 日	第 9 次一括法公布

出典：厚生労働省 HP 等から筆者作成

25.4％であり、参酌基準化を求める声が 6 割超であった。

　2017 年の提案募集では、はじめて地方三団体が共同で放課後児童健全育成事業の従うべき基準の見直しを提案する。2017 年 8 月の第 58 回提案部会で、厚生労働省は「自治体の実情と子どもの安全性の両者を踏まえた上で、参酌化は困難」と発言し、参酌基準化に否定的な態度を変えない。ただし、「利用児童 20 人未満場合の兼務特例については、柔軟に運用できる部分もあると思料」と、基準の緩和等の方向性を模索する。一方、地方も 2017 年 10 月の国と地方の協議の場で従うべき基準の見直しを求め、厚生労働大臣の加藤勝信は「質の確保を担保する重要性に留意しつつ、自治体からの意見を真摯に受け止めまして、今後の地方分権検討プロセスの中で丁寧に検討させていただきたい」と発言する。その後、「厚生労働省から地方側に一定の譲歩の姿勢が見られた」という（関口 2018b：58）。

　2017 年 12 月閣議決定の「平成 29（2017）年の地方からの提案等に関する対応方針」では、「参酌化することについて、地方分権の議論の場において検討し、平成 30（2018）年度中に結論を得る」とされ、地方分権の議論の場、つまり提案部会で検討することになる。この点について、当事者からは厚生労働省で検討してほしいとの意見が出される[3]。だが、こうした検討の枠組みが閣議決定されたことで、地方分権の課題としてフレーミングされ、分権対集権という形で検討が進められていく。

　方針決定後、地方三団体の意向もあり、通常の提案募集方式のサイクルとは異なり、はじめて、2018 年 2 月の 70 回、5 月にも 71 回の提案部会が開催され、議論が行われる[4]。こうしたことからも、従うべき基準の参酌基準化が

3　2018 年 1 月の第 4 回放課後児童対策に関する専門委員会では「私個人的にはこの専門委員会の中で議論ができるかなと思っておりましたので、大変残念」、2018 年 11 月の第 39 回の子ども・子育て会議でも「子ども・子育て会議で議論できなかったことは、とても残念だ」との意見が出されている。さらに、全国学童保育連絡協議会も「『基準の検討は、内閣府ではなく、児童福祉専門の厚生労働省でやってほしい』と求めた」（2018 年 6 月 7 日東京新聞）。

4　第 32 回有識者会議・第 69 回提案部会で「地方三団体のほうからも検討をしっかり進めてほしいというご意見もございます」、「通例地方分権の検討につきましては夏からということでございますが、その検討に先立ちまして、事務担当といたしましては、提案募集検討専門部会による検討をさせていただきたい」と提案があり、同日に第 70 回提案部会、その後 5 月に第 71 回が行われた。

重要な取組となっていたことがわかる。第70回で、厚生労働省は実態把握の調査を提案し、8月を目途に具体的な検討を進めてまいりたいとした。第71回で提示された調査結果では、従うべき基準となっている放課後児童支援員研修の受講は、義務化をやめるべき、研修免除や科目免除の拡大など緩和の意見が多く寄せられ、支援員の1名配置を可とする要件としては施設全体として複数以上の職員が確保されることなどが示されていた。厚生労働省は調査を踏まえて参酌化も含めて幅広く検討すると発言する。

　その後、6月には厚生労働省が支援員の1名配置を条件付きで許容することを検討しており、夏までにも具体的な見直し案を提示すると報道される[5]。厚生労働省は自ら世論を形成していくため[6]、情報を出したとも考えられ、この時点で参酌基準化ではなく、調査結果も踏まえ、制度構築を主導し、従うべき基準の緩和で対応する意向であったと思われる[7]。実際、同報道で、担当者は「中山間地域など現場の事情は考慮するが、最優先は子どもの安全確保だ」と強調していた。厚生労働省は、その後の提案部会でも従うべき基準の柔軟化や一部の参酌基準化といった主張を継続する。だが、こうした考えは提案部会で受け入れられず、当初目標の8月の提示は困難となる。一方、当事者である全国学童保育連絡協議会は「2つの議員連盟に働きかけて、議員連盟総会がそれぞれ2回ずつ開催され」（佐藤2018：106）、地方分権の議論の場で検討とされたことから政治ルートでの働きかけを行う。

　厚生労働省は質の確保の主張を継続する中で、政府内で統一のない対応が行われる。2017年の衆院選で自民党が掲げた幼児教育の無償化について「幼稚園、保育所、認定こども園以外の無償化措置の対象範囲等に関する検討会」が2018年5月に「5年間の経過措置として、指導監督の基準を満たしていない

5　2018年6月18日山梨日日新聞朝刊2面。
6　「いかに世論を形成し、味方を多くするかが、課題設定において重要」であり、「マスメディアから好意的な扱いを受けるかどうかは非常に重要」とされる中で（真渕2020：86）、厚生労働省が積極的に情報を出し、質の確保の重要性について世論の支持を得ようとしたとも考えられる。
7　厚生労働省は「落としどころ」として基準の一部緩和を探ったが、全国知事会などの理解を得られず協議は膠着していた（2018年11月20日朝日新聞）との記事からも、厚生労働省の当時のスタンスを伺い知ることができる。

場合でも無償化の対象とする猶予期間を設けることが適当である」とし（幼稚園、保育所、認定こども園以外の無償化措置の対象範囲等に関する検討会2018:4）、同じ子ども・子育て施策でありながら、政権公約の実現に向け、放課後児童健全育成事業における質の確保という論点と整合の取れない形で議論が進められる。10月の国と地方の協議の場で、全国市長会は、制度の枠組みの早急な提示や財源問題とともに、無認可保育所を対象とすることについて意見を述べる。さらに、11月7日には自民党の厚生労働部会長の小泉進次郎に「子どもたちのための幼児教育・保育の無償化の実現方について」要請を行い、15日にも「子どもたちのための幼児教育・保育の無償化」を求める緊急アピールを行う。当初は、基準を満たしていないものでも無償化対象となっていたが、最終的に、5年間の経過措置を前提に、自治体が条例で基準を定め、対象施設を限定できる形で合意される。

　一方、11月の全国知事会議では、放課後児童健全育成事業の基準に関して参酌基準化を求める意見が出て、総理の安倍は「地方に任せるのが当然、地域の実情がわかっているのは地域の皆さん」と発言する[8]。この背景には、幼児教育の無償化について、地方から反発が上がっており、合意を得たいということがあったとも考えられる[9][10]。

　検討の最終段階で厚生労働大臣も判断を変え、第87回の提案部会で厚生労働省は参酌基準化を容認し[11]、同日、地方創生担当大臣が出席して開催され

8　この知事会議においても幼児教育等の「無償化について役割分担や負担のあり方を早急に示していただきたいとお願いしてきた」とのコメントがなされる。

9　幼児教育保育の無償化等について、地方の意見を聞かずに進められ、財源の問題で全国市長会をはじめ大きな反論が出される中、2018年11月21日に第1回、2018年12月3日に第2回の「教育の無償化に関する国と地方の協議」が行われるに至った。その場でも、政策過程への地方の意見の反映、財源面での課題が出され、結論が出なかった。12月10日に全国市長会の理事・評議員合同会議が開催され、第2回の協議の場で示された財源問題について了承されるに至った。

10　参酌基準化について「全国市長会幹部は『現場の自治体が一番よく分かっている。国による後付けによる基準は、実態にあまりにもそぐわなかった』とうなずき、自治体側の要求を全面的に受け入れた決着にほっとした様子」「この幹部は、指導監督基準を満たしていない認可外保育園なども無償化対象となっていることを引き合いに出し、『本来なら年齢の低い子どもを預ける施設こそ、安全基準や監督を厳しくしていくべきだ。せっかく自治体が認可園を増やそうと努力してきたのに、国がやろうとしていることは逆』だとチクリ」との報道もある（2018年11月26日官庁速報）。このように政府の対応の中で整合が取れていなかった。

た第35回有識者会議・第88回提案部会で参酌基準化の方向を含めた「平成30（2018）年の地方からの提案等に関する対応方針（案）」が合意される。その日の夕刊、翌日の朝刊では複数の新聞で基準緩和が報道され、分権というフレーミングではなく、子ども子育て施策の課題として質の確保をどうするかといった点が取り上げられる(12)。地方三団体は、12月の対応方針決定後に「放課後児童クラブの人員配置基準等が『参酌すべき基準』とされることにより、各市町村において、質の確保に配意しつつ地域の実情に応じた施設の設置や運営に主体的に取り組めることとなり、その意義は大きい」と発表する。

　その後、第9次一括法により、児童福祉法が改正され、2020年4月から従うべき基準の参酌基準化が行われた。

　このように、閣議決定された対応方針において地方分権の議論の場で検討とされ、地方分権の課題としてフレーミングされ、分権対集権という形で議論が進められた。無認可施設等も対象とする政府の幼児教育の無償化の対応ともあいまって、拒否権を行使していた厚生労働省も最終的に譲歩し、参酌基準化が可能になった。実際、無償化では、質を担保するため、条例で基準制定を許容する中で、放課後児童健全育成事業では従うべき基準を継続するというのでは整合がとれず、拒否権を行使し続ける判断はできなかったといえる。

4　自治体の対応

4.1　指定都市の対応

　指定都市における放課後児童健全育成事業の状況を**図表6-4-1**に示した。

11　2018年10月19日の厚生労働大臣の根本匠の会見では「閣議決定を踏まえ、視点が二つありますが、子どもの安全性の確保等一定の質の担保をしつつ、地域の実情等を踏まえた柔軟な対応ができる、この二つの視点が大事で、今後、地方自治体をはじめ関係者の意見を十分に聴きながら、さらに検討を進めていきたい」と従来の主張を繰り返すのみであった。参酌基準化を決めた翌日の報道によると、「最近になって」「地方の要望に応じる判断をした」という（2018年11月20日朝日新聞）。

12　2018年11月19日朝日新聞夕刊、11月20日朝日新聞朝刊、11月20日千葉日報朝刊など多数ある。脚注6のとおり、マスメディアから参酌基準化は好意的な扱いを受けることは難しかったともいえる。

図表 6-4-1　指定都市での放課後児童健全育成事業の状況

年	2013	2014	2015	2016	2017	2018	2019	2020	2021
児童数	145,825	153,815	165,874	180,146	197,061	209,748	226,551	233,825	247,857
利用できなかった児童数	1,314	1,391	2,445	2,226	1,903	1,663	1,525	1,159	1,064
放課後児童支援員数			21,638	22,980	24,400	26,703	28,772	32,122	34,387

出典：放課後児童健全育成事業（放課後児童クラブ）の実施状況より筆者作成
注：2012 年以前は指定都市の区分は公表されていない

図表 6-4-2　指定都市における主な独自基準の内容

	都市数
①専用区画の面積に関する基準	12 市
②事業者の適格性に関する基準（暴力団排除）	11 市
③支援単位を構成する児童数に関する基準	7 市
④非常災害対策に関する基準	4 市
⑤事故発生時の対応に関する基準	3 市
⑥開所時間及び日数に関する基準	3 市
⑦放課後児童支援員等の配置・資格基準	2 市

出典：HP 等より筆者作成
注：基準の分類は「放課後児童クラブに係る地方自治体独自の基準（事例集）」
　　によった

　2015 年の子ども・子育て支援新制度導入後、対象年齢の拡大もあり、児童数は増加しており、利用できなかった待機児童数もいったん増加したが、量的整備により減少してきている。これに伴い、放課後児童支援員も 2015 年から2021 年には 1 万人以上増加している。

　政府の誘導に伴い、指定都市においても量的拡大が求められる中で、従うべき基準の導入と参酌基準化にどのように対応したのであろうか。

　2015 年 4 月の基準条例の制定時において、独自規定を設けている状況は図表 6-4-2 のとおりであった。

　放課後児童健全育成事業の量と質に直接関係するものとして、①専用区画の面積、③支援単位を構成する児童数の独自基準も多くなっている。①は経過措置を設けている団体も多い中、大阪市は 1 人あたり 1.65㎡の面積基準を 1.75㎡と強化している。

　③は経過措置が設けられており、これに伴い、大規模な支援単位について⑦

図表 6-4-3　参酌基準化に伴う指定都市の対応状況

経過措置等	1 年	翌年度末	2 年	翌翌年度末	2022 年度末	なし
市数	3 市	3 市	2 市	4 市	1 市	7 市
内待機児童有	1 市	3 市	1 市	3 市	1 市	0 市

出典：各都市 HP より筆者作成
注 1　翌年度末に含まれる静岡市条例は 2021 年 4 月 1 日施行
注 2　待機児童の有無は 2020 年データ

放課後児童支援員等の配置・資格基準を設けている都市もある。さらに、暴力団排除なども多くの都市で定められている。

　そして、2020 年 4 月から従事するもの及び員数が参酌基準化されたことを受け、条例を改正した団体は、**図表 6-4-3** のとおりとなっている。

　質の確保が課題となったこともあり、現状適応的に資格要件として研修の受講に関する経過措置等を設けるにとどまっており、員数の特例等を定めている団体は見受けられない。ただし、待機児童が生じている団体において経過措置等を設けている状況にあり、地域の状況を踏まえたものともいえる。

4.2　市町村の状況

　4.1 で指定都市の状況をみたが、参考までに**図表 6-4-4** に市町村の放課後児童健全育成事業の状況を示した。2015 年の子ども・子育て支援新制度導入後、対象年齢の拡大もあり、2014 年から 2022 年までに登録児童数は 45 万人近く増加し、1.5 倍となっており、放課後児童支援員も 2015 年から 2022 年には 2 万人以上、指導員等も約 7 万人増加している。一方、利用できなかった待機児童数は、いったん増加したが、量的整備により減少傾向にある。また、放課後児童支援員一人当たり児童数は 2020 年以降も 13.6 人で推移し、指導員資格をもたないものも含めた指導員等でみれば、一人当たり児童数は減少傾向にある。

　図表 6-4-5 に参酌化に伴う自治体の対応状況を示した。①②④で独自基準を設けたのは限定的であり、大部分の団体が、研修修了要件の経過措置延長といった現状適応的な対応を行っている。資料の詳細をみると、2022 年 4 月現在、

図表 6-4-4　放課後児童健全育成事業の状況

年	2014	2015	2016	2017	2018	2019	2020	2021	2022
児童数	936,452	1,024,635	1,093,085	1,171,162	1,234,366	1,299,307	1,311,008	1,348,275	1,392,158
利用できなかった児童数	9,945	16,941	17,203	17,170	17,279	18,261	15,995	13,416	15,180
放課後児童指導員・放課後児童支援員等	94,293	113,315	122,219	131,336	143,669	153,414	165,725	175,583	182,577
一人当たり児童数	9.9	9.0	8.9	8.9	8.6	8.5	7.9	7.7	7.6
放課後児童支援員		79,946	83,471	86,829	90,769	98,905	95,871	99,162	102,677
一人当たり児童数		12.8	13.1	13.5	13.6	13.1	13.7	13.6	13.6

出典：放課後児童健全育成事業（放課後児童クラブ）の実施状況より筆者作成

図表 6-4-5　参酌化に伴う条例の改正状況

年月日	2022/4/1	2021/7/1	2020/9/30
①放課後児童支援員の配置及び数	64 か所	44 か所	32 か所
②放課後児童支援員の資格要件	11 か所	11 か所	10 か所
③認定資格研修修了要件の経過措置延長	622 か所	606 か所	560 か所
④職員の専任規定	2 か所	2 か所	2 か所

出典：第 138 回提案部会資料より作成

①の緩和を行った事例で、利用児童が 20 人未満の事業所が 26、夕方等の特定の時間帯が 13、土曜日等の特定の曜日 11 など限定的な対応であり、あくまでも施設の運営状況を踏まえたものとなっている。

　また、参酌基準化の影響として、事業の継続が困難であったが、参酌化により事業の継続が可能となったが 303、急な退職があった場合でも、設備運営基準の参酌化により運営に支障を来さなくなったが 133 となっており、参酌化は弾力的な運用を可能にしているといえる。

　このように市町村全体でも傾向は同様であるが、小さい支援単位もあることから、①の配置及び数といった参酌化を踏まえた対応を行っているものも一部でみられる。実際、2022 年の調査によれば、放課後児童支援員の 1 人配置を可能としている 46 団体のうち、1 人配置を認める要件として利用児童が 20 人未満の事業所としているのが 26 と半数以上であり、地域の状況に応じた対応を行っているといえる。

　放課後児童健全育成事業の従うべき基準は、地方分権の課題としてフレーミ

ングされ、参酌基準化されたものの、その過程では常に質の確保の議論があった。このように、子ども・子育て支援新制度導入以前と比較すれば、参酌基準は存在し、国の関与は強くなっており、自治体が緩和の根拠等をもっていなければ、上林のいうように説明責任を果たせず、緩和ではなく、国基準の採用という決定がなされてしまうのである。

　結果として、参酌基準化の活用は限定的となっている。ただし、待機児童が生じている団体において経過措置等を設け、さらには小規模な単位において活用していることが指摘でき、各都市が実情に応じた対応を行っていると評価できよう。

5　本章の結論

　本章では、放課後児童健全育成事業を取り上げ、その基準の強化と緩和過程とともに、指定都市の対応について分析してきた。その結果、次の点を指摘できた。

　第1に、基準の強化と緩和には、政策課題のフレーミングと、検討組織等が大きな影響を与えている。従うべき基準の導入過程では、地域主権改革を一丁目一番地とする民主党政権であっても、子ども・子育て支援の課題としてフレーミングされ、質の確保対分権として、WGを中心に検討が行われ、地方の裁量よりも、質の確保が優先され、結果として基準の強化につながった。一方、緩和過程では、権限移譲といった大きな地方分権の取組が減少する中で、分権の課題としてフレーミングされ、提案部会において検討が行われる。地方三団体はアンケート結果を踏まえ、連携しながら取組を進めるが、厚生労働省は拒否権を行使しながら、基準の一部緩和ということで制度構築を主導しようとする。しかしながら、政府の幼児教育保育の無償化をめぐる対応とも相まって、拒否権を行使し続けることはできず、従うべき基準の参酌基準化が行われた。さらには閣議決定で地方分権の議論の場、つまり提案部会において検討を行うとされ、子ども・子育ての当事者等が議論に入る余地はなかった。このように、放課後児童健全育成事業の基準の強化・緩和に係る政策過程では、府省、自治

体、当事者が関わりつつも、課題のフレーミング、そして検討を主導する組織
などが影響を与えたといえるのである。

　第 2 に、自治体の従うべき基準の参酌基準化の活用という点では、研修修
了要件の経過措置の活用が多く、配置や員数などの緩和は限定的となっており、
大都市である指定都市でも同様である。員数の緩和等があまり行われていない
点では、活用が進んでいないとの指摘も可能であろう。だが、質の確保がいわ
れてきている中で、自治体の現場としてもその緩和は容易ではないし、そもそ
も緩和が分権改革の目的ではない。住民の声を反映しやすい自治体が地域の実
情に合わせ政策運営を行っていくことこそが求められているのである。

第7章　今後の分権改革のありよう

　本書では、有識者会議、提案部会等による指定都市等への権限移譲、不移譲
の決定の過程等を取り上げ、法律による一律、又は手挙げ方式による権限移譲
と、事務処理特例を活用した個別の権限移譲の比較の視点から分析を行ってき
た。

　終章となる第7章では、その結果とともに、こうした分析でも明らかにでき
なかった残された課題を提示する。

1　本書の結論

　本書では、**図表7-1-1** に示した対象事例について分析を行い、次の点が指
摘できた。

　1つ目に、提案募集方式等において、分権という自治への制約の問題として
フレーミングされることによって、関係者の積極的不同意のない状況に導いた
り、業界関係者の発言を抑え込んだりすることで、最終的に権限移譲や従うべ
き基準の参酌基準化を可能としたことである。事業の課題としてフレーミング
される場合、個別府省が地方からの提案に対して拒否権を行使してしまう。実
際、本書で挙げた幼保連携型認定こども園以外の認定こども園の認定権限の移
譲については現場の混乱、液化石油ガス販売事業者の登録等に係る事務・権限
については事業者の申請事務負担の増加、放課後児童健全育成事業の従うべき
基準の参酌基準化については事業の質の確保ができないなど、府省は事業の課
題としてフレーミングしようとしていた。これに対して、地方分権の課題とし

てフレーミングすることによって、提案の実現につながったといえるのである。一方、放課後児童健全育成事業については、事業の課題としてフレーミングされることで、地域主権改革を一丁目一番地として掲げていた民主党政権においても、自治体が独自に行ってきた「学童保育」に従うべき基準が導入されてしまったのである。ただし、参酌基準化が決まった翌日の新聞報道では、質の確保が課題であるとの主張が紙面を賑わせており、世論は、分権というあまりなじみのないものと比較して、単純に事業の質の主張に同調しやすい。地方分権の課題としてフレーミングできたとしても、市民や経済団体等が不在のままでは課題も多く、世論をも巻き込んだものとして理解を得ることができるかが重要といえるのである。

　２つ目に、提案部会、府省、都道府県、指定都市、その連合組織、業界団体等の行動について、各主体は一定の拒否権を有しており、特に、地方六団体間で総意を形成できず、拒否権を行使する団体がいる場合には、内閣府地方分権改革推進室が地方の「代弁・擁護」や府省への「牽制・干渉」といった機能を担うことはできないのである。本書で取り上げた事例のうち、幼保連携型認定こども園以外の認定こども園の認定権限や液化石油ガス販売事業者の登録等に係る事務・権限の移譲については、全国知事会、全国市長会、全国町村会という地方三団体の中では拒否権を行使する団体がおらず、内閣府地方分権改革推進室と問題意識を共有し、提案部会を通じ、対応を図ることに加え、事務処理特例の実績という既成事実を積み上げることで、最終的に、府省も拒否権を行使せず、移譲に至った。農地法の指定市町村制度では、内閣府地方分権改革推進室、地方六団体が協調し、農地・農村部会を通じて、移譲への働きかけを行ったにもかかわらず、農林水産省は市町村への不信感から拒否権を行使し続けた。地方創生の流れにより、政策の動向が変化する中で、政治的決着により、「目標管理型権限移譲」として実現された。放課後児童健全育成事業の基準の参酌化の事例でも、内閣府地方分権改革推進室、地方三団体が協調し、提案部会を通じて、地方側もアンケート結果を示しながら、対応を進めたにもかかわらず、厚生労働省は拒否権を行使し、参酌基準化に反対の意向を示し続けた。政権公約として政府が主体的に進める幼児教育保育の無償化に係る対応として、無認

図表 7-1-1　本書の対象事例

事務処理特例	提案募集の結果	具体的な事例	部会等	知事会	市長会	提案団体	委員会※	その他
①実績有	❶法定移譲	農地転用許可権限等（農地法等）（5次）→指定市町村	部会	○	○	三団体など	○	
		幼保連携型認定こども園以外の認定こども園の認定等の事務・権限（就学前の子どもに関する教育、保育等の総合的な提供の推進に関する法律及び子ども・子育て支援法）（7次）→指定都市	重点	○	○	指定都市市長会など		幼保連携型の認可は指定都市等へ移譲済
		液化石油ガス販売事業者の登録等に係る事務・権限（液石法）（12次）→指定都市	重点	○※2	○	熊本市		一般法としての高圧ガスの製造許可等は移譲済
	❷事務処理特例許容	高圧ガスの製造等の許可等（コンビナート地域等に係るもの）（高圧ガス保安法）	重点	△	○	指定都市市長会		コンビナート地域等以外は移譲済
	❸対応無	都市計画事業認可（都計法）		○	○	横浜市など	○	
	参酌基準化	放課後児童健全育成事業の従うべき基準の参酌化	重点	○	○	三団体など		

※　○は地方分権改革推進委員会の勧告に盛り込まれたもの
※2　コンビナート地域は高圧法と整合をとるとの意見あり

可の保育所等が対象に含まれ、質が確保されない懸念が自治体側から示される中で、厚生労働省も最終的に参酌基準化を認めざるを得なかったのである。

　このように地方六団体の意向は非常に重要であり、府省の拒否権を抑え込むには、最低限、全国知事会、全国市長会、全国町村会の意向が合致する、又は積極的不同意を主張しない必要がある。このうえで、既成事実を積み上げ、協議に取り組まなくては権限移譲等の対応には至らなくなっているといえる。本書で詳細に取り上げた事例では、三団体の意向が割れているものではなかったが、第1章でみたように、三団体間で利害が必ずしも一致しないような事項については「代弁・擁護」や「牽制・干渉」は必ずしも機能せず、提案の実現につながるとは限らないのである。また、地方でも企画調整・総務系統部局と個別事業担当セクションの意思は必ずしも一致しておらず、内閣府地方分権推進室と企画調整・総務系部局が連携し、分権を推進していくことも重要といえるのである。

　一方、業界団体は、幼保連携型認定こども園以外の認定こども園の認定権限

や液石法の権限移譲において、事務処理特例による移譲という既成事実の積上げもあり、積極的不同意を示すことはなく、拒否権を行使することはなかった。放課後児童健全育成事業の従うべき基準の参酌化においては、地方分権の議論の場で検討とされ、直接意見を述べる場がなかった。

　このように、地方六団体を中心に、各主体が積極的不同意を示さず、拒否権を行使しない状況を作り出すことが、提案の実現につながるといえるのである。

　3つ目に、協議の行われる場について、内閣府地方分権改革推進室が所管する提案部会が主導することによって、地方を「代弁・擁護」するとともに、地方分権という視点から他府省の審議会等に対して「牽制・干渉」を行うことができている。また、提案部会は、内閣府と地方三団体が一定のコミュニティを形成し、閣議決定という後ろ盾をもちながら、ひざ詰めで府省と議論し、分権を推進する場として機能している。このため、幼保連携型認定こども園以外の認定権限の移譲について、子ども・子育て会議における意見聴取はアリバイ的な要素が強かったと考えられるし、液化石油ガス販売事業者の登録等に係る事務・権限の移譲についても経済産業省の小委員会における議論は提案部会の議論を追認するものとなっていた。特に、放課後児童健全育成事業の参酌化については、「平成29（2017）年の地方からの提案等に関する対応方針」で、地方分権の議論の場、つまり提案部会で検討することとされ、府省の審議会等は意見を述べることさえ認められなかったのである。このように提案部会等は府省の拒否権行使に対して、内閣府地方分権改革推進室が地方側を「代弁・擁護」し、個別の府省を「牽制・干渉」する場として機能しているといえよう。ただし、農地・農村部会については、地方を「代弁・擁護」し、農林水産省に対して「牽制・干渉」を行い、農地転用許可権限等の移譲の課題を整理していく機能は担っていたものの、同省は拒否権を行使し続け、最終的に政治的な場に持ち込まれたのであり、有識者会議等を通じた検討の限界を示したともいえよう。

　4つ目に、提案募集方式等を通じて実現された方策については、府省が主導し、制度構築を進めることで、制度自体が当初の自治体の考えと乖離したり、質の確保という言質が使われたりすることで、活用されにくくなってしまったのである。農地転用許可権限等の移譲では、農林水産省が拒否権を行使し続け

る中で、「目標管理型権限移譲」ともいえる指定市町村制度として導入され、市町村にとっては移譲を受けるハードルが高くなってしまい、事務処理特例と比較して使い勝手が悪くなってしまった。また、放課後児童健全育成事業についても、厚生労働省や業界団体が「質の確保」ということを言い続けたことによって、基準を弾力的に使うことはできず、地域の実情に応じた対応は経過措置等が大部分となっているのである。ただし、基準の弾力的な活用に当たって自治体は説明責任を果たしていく必要があることはいうまでもない。

5つ目に、提案募集方式における事務処理特例の位置づけについて、内閣府地方分権改革推進室・提案部会、三団体側は、一定数の団体が事務処理特例により移譲した段階で、法定移譲に移行するという指向を共有しており、また府省と協議する際に、法定移譲に向けた既成事実として活用されている。一方、府省は、事務処理特例による移譲について、一律の移譲により現場に混乱を招かない手法として、位置づけているのである。

6つ目に、事務処理特例の適法性について、本書で検討した高圧ガスの製造等の許可等、都市計画事業認可ともに、移譲は適法であると結論づけた。コンビナート地域等の高圧ガスの製造等の許可等の事務・権限の移譲については広域的な連携体制を構築し、消防と一体的に事務を行うことでより安全性が高まり、適法といえる。また、事務処理特例において都道府県知事に認められた関与の特則により、個別の法的利益が保護される中、都市計画事業の認可権限については、収用法の枠組みとは異なり、認可権者の裁量は限定的であり、事務処理特例による権限移譲は適法であるといえる。ただし、都道府県と市町村の協議の中では、個々の権限移譲の適法性というよりもむしろ府省等の見解に依拠して行われている。こうした中で、都道府県と市町村は、移譲の適法性も含め、互いに協議を重ね、地域の実情に応じた移譲を進めていく必要があるといえるのである。

このように本書で取り上げた法定移譲の実現事例では、地方三団体等が賛成しており、事務処理特例の実績という既成事実があるものなどであり、全体の中で権限移譲は非常に限定的となっている。「分権改革は徐々に難しくなってきているわけで」（西尾 2013:93）、地方分権改革推進会議の勧告に記載があり、

民主党政権下で、政務三役が強力に省内に働きかけをしても実現できず、積み残しとなっていたものついては内閣府地方分権改革推進室と提案部会等の機能をもってしても、実現させることは容易ではないのである。こうした中で「自治体の所掌事務拡張路線」を求めていくとすれば、主体間での合意を得られるようなものはそれほど残っていない。

　こうした中で、提案募集方式を活用しながら、地方分権を推進していくとすれば、地方三団体、内閣府地方分権改革推進室で連携して取り組むことができる義務付け・枠付けの見直しや、法令の規律密度の緩和など、「自治体の自由度拡充路線」に沿った取組を進めていくことが考えられる。実際、計画策定に関しては、課題が提起されてきており（今井 2018a など）、2019 年には九都県市首脳会議や、全国知事会が研究を開始し、報告書を取りまとめ、複数の計画の一体的な策定の許容や計画の統廃合等が国に提案された。こうした結果、経済財政運営と改革の基本方針 2022 では「国が地方自治体に対し、法令上新たな計画等の策定の義務付け・枠付けを定める場合には（中略）計画等の内容や手続は、各団体の判断にできる限り委ねることを原則とする。あわせて、計画等は、特段の支障がない限り、策定済みの計画等との統合や他団体との共同策定を可能とすることを原則とする」とされた（同 :34）。「令和 4（2022）年の地方からの提案等に関する対応方針」でも、他の計画と一体のものとして策定することが可能であることを明確化する対応がみられた。

　本書の検討からは、このように「自治体の自由度拡充路線」に沿ってどのような提案を行い、三団体、内閣府地方分権改革推進室・提案部会等が協力して取り組んでいけるかが問われているといえるのである。あわせて、事務処理特例による移譲の適法性の検討を含め、都道府県と市町村が協議を重ね、権限移譲や規制緩和などの地域の実情に応じた地方分権の取組を進めていくことが重要といえるのである。

2　残された課題

　本書では、提案募集方式を中心として現在進められている地方分権改革を対

象として、分析を行ってきた。こうした検討の中で残された課題としては6
点が挙げられる。

　1つ目が自治制度を所管する府省の機能についてである。本書では、提案募
集方式を通じて、内閣府地方分権改革推進室は、地方の提案の実現を目指すと
いうことで、地方の利益を「代弁・擁護」する機能とともに、その実現のため
に地方の代理人として府省に対して「牽制・干渉」を行う部分をみてきた。そ
の結果、地方分権といいながらも、地方に一律の義務付けを行う側面もあるこ
とも指摘してきた。内閣府地方分権改革推進室には、地方分権という制度改革
を主導せざるを得ない立場にあり、結果を求める過程で一律に行うという点で
は、結局、地方を「監督・統制」するという側面も内包しているともいえよう。
だが、この点は検証できていない。

　2つ目が、地方三団体の意向がそろわない提案がどのように処理されるのか
という点である。今後の地方分権改革を考えた場合、地方三団体が同じ方向性
をもって提案募集方式に対応していくことばかりが想定されるわけではなく、
消極的不同意ではなく、団体間で利害が対立し、拒否権を行使する場合も想定
されうる。実際、災害救助法による応急救助に係る事務・権限の移譲を指定都
市は提案したものの、全国知事会の反対もあり、最終的に、2015年1月の「平
成26（2014）年の地方からの提案等に関する対応方針」（閣議決定）では、「都
道府県から市町村に対して救助の実施に関する事務を委任することは現行規定
上も可能であり、災害救助法の適用後速やかに救助が実施できるよう、あらか
じめ都道府県と市町村の間で十分調整を行ったうえで、委任する救助の内容や
どのような場合に委任するのかを定めておくことが有効であることを、地方公
共団体に通知する」とされ、提案募集方式においては権限移譲に向けた前進は
みられなかった。その後、当時の官房長官をはじめとする官邸側の動きもあり、
別の会議体が設けられ、手挙げ方式として災害救助の権限が移譲されるに至っ
た（鈴木2021）。このように提案募集方式の場合、地方三団体の意向がそろ
わないものは、提案しても、既に提案済みとして「提案団体から改めて支障事
例等が具体的に示された場合等に調整の対象とする提案」に分類されたり、重
点項目に選定されず、提案部会で取り扱われないことも想定される。公開され

ない情報を得ることは容易ではないが、さらなる取組を地方が進めていくうえでは、こうした事例の分析こそが重要といえる。

　3つ目が自治体等の有する横並び指向の分析である。多様な地方の存在を許容するという方向性が示されつつも、地方三団体、個々の自治体も地方分権改革推進室等が有する「一律の移譲」という指向を一定程度共有している。これは、西尾が「明治維新以来の日本の地方制度の特徴点というべきかもしれないものとして」挙げている「市町村横並び平等主義と呼ぶべき指向性」（西尾2007：16）に共通する部分もあると考えられる。このような発想があるとすれば、分権を推進するといっても、栓無きことになってしまうが、この点については本書では深く分析できていない。

　4つ目が中央・地方関係の評価についてである。本書では、「自治体の自由度拡充路線」に沿って取組を進めるべきとの提案を行っている。自由度を拡充していくということは、これまで融合型とされてきたわが国の地方自治制度を分離型に近づけていく方向性といえる。直近では、天川モデル等を踏まえながら、礒崎が新たな中央・地方関係を評価する枠組みを提案している（礒崎2023：2-21）。この枠組みでは、第2期分権改革の大枠として、義務付け・枠付けの見直しや、権限移譲にも言及されているものの、提案募集方式については言及されていない。こうした評価の大枠の中で、いかに今後の地方分権改革に取り組んでいくかという大きな方向性を提示していくことも必要であると考えている。しかしながら、この点には全く言及できていない。

　5つ目が法律と条例の違いに対する職員の意識である。幼保連携型認定こども園以外の認定こども園の認定権限の移譲に関して、指定都市は「事務処理特例は、協議が整った場合においても道府県の条例で定める方式であることから制度の安定性として不十分」であるなど、条例による個別対応ではなく、国として法律による一律の移譲を求め、条例による取組を消極的にとらえる側面があった。こうした背景には、法令の規律の中で、自治体が条例を活用して自治を切り開いていくことに消極的になっていることがあるように思われる。実際、2000年の分権改革以降、「創意と工夫を凝らした条例制定の動きはむしろ低調になった」とされ、「その原因の一端は、地方公共団体の権限を強化した自

治体に権限を移譲する法律が制定されたため、自治体は法律の執行に追われ、あえて条例を制定し新たな施策を打ち出す必要はないとの意識を生んだことにある」という（原田 2005:169）。当然ながら、全国的な効力をもつ法律と、地域限定で効果を発現する条例は異なるものであるが、こうした意識をもっているようでは、西尾のいうような分権の成果を還元することはできないといえる。ただし、こうした主張の背景にどのようなものがあるかは本書では検討できていない。

　6つ目が個別の都市の取組についてである。本書では、地方三団体を中心とする議論の動向をみてきたが、実際に得た権限等をどのように個々の自治体が活用しているかについては言及できていない。分権改革の成果を実感できていない部分が多いとすれば、個々の団体がどのように移譲された権限等を活用し、その成果を還元できているかを共有することも重要と考えられる。また、本書では、全国的な地方分権の動向を分析する中で「自治体の自由度拡充路線」に沿った取組を提案したが、例えば、大阪都構想に係る取組のように、自治の現場において府と市が協調し、自治体の所掌事務を変更していくことも考えられる。こうした点での本書の貢献は限定的となっている。

　こうした事項以外にも、筆者の能力不足から本書で検討できなかった点は多くあると思われる。それについては別稿にゆずり、本書を終えることとしたい。

参考文献

秋吉貴雄・伊藤修一郎・北山俊哉（2020）『公共政策学の基礎［第3版］（有斐閣ブックス）』有斐閣。

阿部泰隆（2009）『行政法解釈学Ⅱ』有斐閣。

池田峻（2020）「官僚制への統制手段としての審議会—政権党による「手続的指示」の数理的・定量的分析」『年報政治学』2020-1、316-340頁。

池本美香（2016）「放課後児童クラブの整備の在り方—子どもの成長に相応しい環境の実現に向けて—」『JRIレビュー』Vol.5、No.35、21-49頁。

礒崎初仁（2003）「政令指定都市制度の現状と改革」『年報自治体学（16）』、53-73頁。

礒崎初仁（2011）「都道府県・市町村関係と自治紛争処理（二・完）」『自治研究』第87巻第12号、34-60頁。

礒崎初仁（2017）『知事と権力：神奈川から拓く自治体政権の可能性』東信堂。

礒崎初仁（2021a）「地方創生施策の展開と地方分権—「目標管理型統制システム」の有効性—」『自治総研』511号、1-39頁。

礒崎初仁（2021b）『立法分権のすすめ—地域の実情に即した課題解決へ』ぎょうせい。

礒崎初仁（2023）『地方分権と条例——開発規制からコロナ対策まで』第一法規。

板垣勝彦（2019）『地方自治の現代的課題』第一法規。

市川喜崇（2012）『日本の中央—地方関係：現代型集権体制の起源と福祉国家』法律文化社。

伊藤修一郎（2002）『自治体政策過程の動態』慶應義塾大学出版会。

伊藤敏安（2011）「道府県から市町村への権限移譲と財政的地方政府間関係」『地域経済研究』22号、3-21頁。

伊藤正次（2018a）「提案募集型地方分権改革の構造と課題」『地方自治法施行70周年記念自治論文集』421-435頁。

伊藤正次（2018b）「自治体における政策の質の担保と人材戦略」『地方自治職員研修』715号、12-14頁。

今井照（2018a）「「計画」による国—自治体間関係の変化〜地方版総合戦略と森林経営管理法体制を事例に」『自治総研』477号、53-75頁。

今井照（2018b）「自治体戦略2040構想研究会報告について」『自治総研』480号、1-24頁。

今井照（2019）「ポスト分権改革の20年」『生活経済政策』No.264、4-8頁。

岩﨑忠（2015）「地方分権改革と提案募集方式〜地方分権改革有識者会議での審議過

程を中心にして〜」『自治総研』439 号、30-46 頁。

岩崎恭典（2002）「政令指定都市と都道府県－第二次分権の基本設計のために」『自治総研』289 号、No.11、1-22 頁。

石見豊（2010）「第 2 次地方分権改革の現状と課題」国士舘大学政経学部附属政治研究所『国士舘大学政治研究』(1)、1-26 頁。

宇賀克也（2010）「自治紛争処理委員について」『ジュリスト』1412 号、70-78 頁。

生沼裕・板垣雅幸（2006）「都道府県・市町村間における権限移譲の現状と課題－屋外広告物事務を例に－」『地域政策研究』第 9 巻第 1 号、13-33 頁。

大熊智美（2020）「地方分権改革提案募集方式による『令和元年の地方からの提案等に関する対応方針』について」『地方自治』868 号、40-53 頁。

大杉覚（1991）『戦後地方制度改革の＜不決定＞形成：地方制度調査会における審議過程をめぐって』東京大学都市行政研究会。

大橋洋一（2018）「分権改革としての提案募集制度の発展可能性」『地方自治法施行70 周年記念自治論文集』421-435 頁。

柏木斉（2015）「農地転用に係る権限移譲等について」『自治実務セミナー』636 号、12-16 頁。

柏女霊峰（2015）『子ども・子育て支援制度を読み解く』誠信書房。

柏女霊峰（2019a）『平成期の子どもの家庭福祉』生活書院。

柏女霊峰（2019b）「放課後児童支援員の専門性と認定資格をめぐって」『学童保育研究』20 号、7-18 頁。

門脇康太（2016）「自治体分権と知事：事務処理特例制度の分析」『資本と地域』11 号、1-21 頁。

金井利之（2005）「三位一体改革と地方財政体制の行方」『都道府県展望』556 号、8-11 頁。

金井利之（2007）『自治制度』東京大学出版会。

金井利之（2009）「「分権」改革の現段階」辻山幸宣・上林陽治編『分権改革のいまをどうみるか』公人社、2009.4 自治総研ブックレット、3-36 頁。

金井利之（2010）「自治体への事務権限の移譲と分権改革」『都市問題研究』62 (1) 号、94-107 頁。

神奈川県（2008）『地方分権改革の推進に向けて─『勧告』への緊急提言─』。

神奈川県公務研修所（1979）『地方自治の現状と課題県をめぐる諸問題を中心として』。

川崎市（2017）『新たな地方分権改革の推進に関する方針』。

川崎市（2022）『新たな地方分権改革の推進に関する方針（改訂）』。

上林陽治（2015）「地域の自主性及び自立性を高めるための改革の推進を図るための

関係法律の整備に関する法律〜第5次一括法〜」『自治総研』444号、45-65頁。

上林陽治（2016）「地域の自主性及び自立性を高めるための改革の推進を図るための関係法律の整備に関する法律〜第6次一括法〜」『自治総研』457号、65-924頁。

上林陽治（2017）「地域の自主性及び自立性を高めるための改革の推進を図るための関係法律の整備に関する法律〜第7次一括法〜（平成29年4月26日法律25号))」『自治総研』470号、23-62頁。

上林陽治（2018）「地域の自主性及び自立性を高めるための改革の推進を図るための関係法律の整備に関する法律〜第8次一括法〜（平成30年6月27日法律66号)」『自治総研』481号、20-56頁。

上林陽治（2020）「地域の自主性及び自立性を高めるための改革の推進を図るための関係法律の整備に関する法律〜第9次一括法〜」『自治総研』496号、43-91頁。

上林陽治（2021）「地域の自主性及び自立性を高めるための改革の推進を図るための関係法律の整備に関する法律〜第10次一括法〜」『自治総研』509号、47-83頁。

北原鉄也（2016）「都市計画・土地利用規制・農地転用における国の関与の縮減について」『都市問題』第107巻第5号、78-84頁。

北原鉄也（2019）「都市や農地をめぐる土地利用規制の最近の動向—地方分権化と規制緩和」『都市問題』第110巻第8号、77-85頁。

北村喜宣（2016）「2つの一括法による作業の意義と今後の方向性」『第2次分権改革の検証—義務付け枠付けの見直しを中心に』敬文堂、3-40頁。

北村喜宣（2021）「環境条約国内実施法としての国事務完結型法律と自治体の役割（上）—水際二法および種の保存法のもとでの象牙取引規制を例として—」『自治総研』511号、41-68頁。

北村亘（2013）『政令指定都市：百万都市から都構想へ』中央公論社。

木村美登里（2019）「運営指針・省令基準と現場の間で」『学童保育研究』20号、63-71頁。

小泉祐一郎（2008）「市町村への権限移譲日本一の秘訣」『自治実務セミナー』547号、66-71頁。

小泉祐一郎（2016）『国と自治体の分担・相互関係−分権改革の検証と今後の方策』敬文堂。

小谷敦（2018）「Ⅲ子ども子育て分野」『地方財務』766号、95-104頁。

木寺元（2008）「機関委任事務の『廃止』と地方六団体『アイディアの回路』と『政治の回路』の視点から」『公共政策研究』7巻、117-131頁。

小早川光郎（2013）「墓埋法と同法施行条例−事務権限移譲と独自基準」『地方自治判例百選』有斐閣、62-63頁。

齋藤史夫（2018）「『放課後児童対策に関する専門委員会中間とりまとめ』をどう見るか」『学童保育研究』19 号、107–113 頁。

佐々木信夫（2002）『「自治体」の改革設計』ぎょうせい。

佐藤愛子（2018）「『従うべき基準』をめぐる国の動向」『学童保育研究』19 号、101–106 頁。

佐藤文俊（2000）「地方分権一括法の成立と地方自治法の改正（六・完）」『自治研究』第 76 巻第 7 号、65–75 頁。

澤俊晴（2009）「条例による事務処理の特例制度と権限移譲 #02」『自治体法務NAVI』Vol.30、32–38 頁。

澤俊晴（2013）「実務から見た義務付け・枠付けの見直しとその課題」『自治体法務NAVI』Vol.52、20–27。

鹿谷雄一（2017）「分権改革による都道府県・市町村関係の変容：秋田県における事務処理特例制度の受容を素材に」『秋田法学』58 号、77–101 頁。

塩野宏（2012）『行政法Ⅲ』有斐閣。

自治紛争処理委員（2010）『地方自治法第 251 条の 3 第 1 項の規定により平成 22 年 2 月 24 日に我孫子市長から申出があった件』。

嶋田暁文（2014a）「自家用有償旅客運送に関する事務・権限の移譲をめぐる一考察（上）」『自治総研』425 号、1–37 頁。

嶋田暁文（2014b）「自家用有償旅客運送に関する事務・権限の移譲をめぐる一考察（下）」『自治総研』426 号、39–73 頁。

城山英明・細野助博・鈴木寛（1999）『中央省庁の政策形成過程—日本官僚制の解剖（計画行政叢書）』。

新藤宗幸（2011）『政治主導』筑摩書店。

鈴木庸夫（2000）「地方公共団体の役割及び事務」小早川光郎・小幡純子編『ジュリスト増刊あたらしい地方自治・地方分権』有斐閣。

鈴木洋昌（2021）『広域行政と東京圏郊外の指定都市』公職研。

砂原庸介（2008）「中央政府の財政再建と地方分権改革—地方分権改革推進会議の経験から何を学ぶことができるか」『公共政策研究』7 号、132–144 頁

関口龍海（2018a）「地方分権改革提案募集方式の傾向・課題と、「平成二九年の地方からの提案等に関する対応方針」について（上）」『地方自治』845 号、43–61 頁。

関口龍海（2018b）「地方分権改革提案募集方式の傾向・課題と、「平成二九年の地方からの提案等に関する対応方針」について（下）」『地方自治』846 号、39–62 頁。

善教将大（2021）『大阪の選択—なぜ都構想は再び否決されたのか』有斐閣。

全国学童保育連絡協議会編（2019）『全訂学童保育ハンドブック』ぎょうせい。

曽我謙悟（2006）「政権党・官僚制・審議会―ゲーム理論と計量分析を用いて」『レヴァイアサン』39号、145-169頁。

其田茂樹（2015）「「地方創生」は政策目的か」『自治総研』439号、47-79頁。

高木健二（2007）「第2次分権改革の始動―「安心して暮らせる社会」実現を目指して―」『自治総研』343号、1-20頁。

高橋滋（2015）「提案募集検討専門部会の活動と今後の展望」『自治実務セミナー』636号、2-4頁。

田島友和（2016）「都市計画法の事業承認を背景とした用地取得について」https://www.cbr.mlit.go.jp/kikaku/2016kannai/pdf/imp13.pdf。

但田翔（2021）「条例による事務処理の特例に関する考察―移譲事務の種類及び範囲を中心に―」『自治総研』507号、55-73頁。

立岩信明（2010）「第一次地方分権改革後の政府間関係の実態について―通達の廃止による技術的助言の運用から―」『自治総研』385号、18-42頁。

田中義孝（1979）「＜分権化構想＞をめぐって」『法律時報』51（7）、14-19頁。

谷本有美子（2019）『「地方自治の責任部局」の研究：その存続メカニズムと軌跡〈1947-2000〉』公人の友社。

地方自治総合研究所監修・佐藤英善編（2010）『逐条研究地方自治法別巻（下）新地方自治法』。

地方分権改革有識者会議（2014）『個性を活かし自立した地方をつくる～地方分権改革の総括と展望～』。

地方六団体（2019）『地方分権推進上の課題に関する調査結果』。

辻山幸宣（1994）『地方分権と自治体連合』敬文堂。

辻山幸宣（2013）「試される自治体間協議力」『自治総研』420号。

特別自治市構想等大都市制度に関する研究会（2021）『特別自治市構想等大都市制度に関する研究会報告書』。

内閣府地方分権改革推進室（2022）『地方分権改革・提案募集方式取組・成果事例集Vol.3』。

新倉隆（2003）「条例による事務処理の特例」園部逸夫『最新地方自治法講座（9）国と地方及び地方公共団体相互の関係』ぎょうせい。

西尾勝（2001a）「地方分権推進委員会の活動形態」『分権型社会を創る―その歴史と理念と制度』ぎょうせい、29-64頁。

西尾勝（2001b）『行政学』有斐閣。

西尾勝（2007）『地方分権改革』東京大学出版会。

西尾勝（2013）『自治・分権再考：地方自治を志す人たちへ』ぎょうせい。

西尾勝（2018）「地方分権改革を目指す二つの路線」『地方自治法施行 70 周年記念自治論文集』1-21 頁。

西川明子（2007）「審議会等・私的諮問機関の現状と論点」『レファレンス』（平成 19 年 5 月号）、59-73 頁。

農地制度のあり方に関するプロジェクトチーム（2014）『農地制度のあり方について』。

朴相俊（2020）『47 都道府県の地方自治「市町村への権限移譲」に見る制度運用の比較研究』大阪大学出版会。

原田尚彦（2005）『地方自治の法としくみ〈新版〉改訂版』学陽書房。

日野稔邦（2015）「提案募集方式の活用に向けた実務的提案：初年度の経験を踏まえて」『自治実務セミナー』636 号、17-20 頁。

福士輝美（2016）「放課後児童健全育成事業の展開と課題」『レファレンス』789 号、1-27 頁。

藤巻秀夫（2013）「北海道における事務処理特例制度の活用状況について」『札幌法学』24 巻 2 号、235-270 頁。

堀内匠（2016）「第 31 次地方制度調査会答申を読む―地制調の役割の変化にも着目して―」『自治総研』451 号、47-105 頁。

増田寛也・日本創成会議人口減少問題検討分科会（2014）「ストップ「人口急減社会」国民の「希望出生率」の実現、地方中核拠点都市圏の創成」『中央公論』129（6）号、18-31 頁。

松井望（2019）「分権改革以降の自治体計画策定：国の〈計画信仰〉と自治体の「忖度・追従」」『都市問題』第 110 巻第 9 号、48-61 頁。

松本英昭（2022）『新版逐条地方自治法第 9 次改訂版 5 刷』学陽書房。

真渕勝（2020）『行政学［新版］』有斐閣。

村松岐夫（1988）『地方自治』東京大学出版会。

村松岐夫（1999）「地方分権改革の成立構造」日本比較政治学界編『世界の行政改革』早稲田大学出版部、3-14 頁。

森田朗（2006）『会議の政治学』慈学社出版。

森田朗（2014）『会議の政治学 II』慈学社出版。

山口道昭（2019 a）「市町村関係における都道府県の法的定位（1）沖縄県県民投票と事務処理の特例制度から考える」『自治研究』第 95 巻第 8 号、3-18 頁。

山口道昭（2019b）「市町村関係における都道府県の法的定位（2・完）沖縄県県民投票と事務処理の特例制度から考える」『自治研究』第 95 巻第 9 号、3-17 頁。

山中浩太郎（2019）「地方分権改革提案募集方式による「平成三〇年の地方からの提案等に関する対応方針」について」『地方自治』857 号、31-52 頁。

幼稚園、保育所、認定こども園以外の無償化措置の対象範囲等に関する検討会（2018）『幼稚園、保育所、認定こども園以外の無償化措置の対象範囲等に関する検討会報告書』

笠京子（1995）「省庁の外郭団体・業界団体・諮問機関」西尾勝・村松岐夫編『講座行政学第4巻』有斐閣、77-113頁。

旅券法研究会（2016）『旅券法逐条解説』有斐閣。

霊山智彦（2000）「建設省の対応」『第三の改革を目指して』ぎょうせい、144-149頁。

若生直志（2015）「行政判例研究」『自治研究』第91巻第10号、120-130頁。

著者紹介

鈴木洋昌（すずき・ひろまさ）

1971 年生まれ。1994 年横浜市立大学商学部経済学科卒業。同年川崎市役所入所。地方分権、環境行政、総合計画、行政改革、大都市制度等の担当を経て、2024 年から高崎経済大学地域政策学部准教授。経済学博士（中央大学）。2011 年に自治体学会論文奨励賞、2020 年に自治体学会研究論文賞を受賞。
主著：『オーストラリア地方自治体論』ぎょうせい、共著、1998 年
　　　『図解よくわかる自治体環境法のしくみ』学陽書房、2012 年
　　　『総合計画を活用した行財政運営と財政規律』公人の友社、2019 年
　　　『広域行政と東京圏郊外の指定都市』公職研、2021 年

提案募集方式における地方分権改革の政策過程
　　─自治体への権限移譲・不移譲の決定要因に関する研究─　　Ⓒ鈴木洋昌　2024 年

2024 年（令和 6 年）6 月 18 日　初版第 1 刷発行

定価はカバーに表示してあります。

著　者　鈴　木　洋　昌
発行者　大　田　昭　一
発行所　公　職　研

〒101-0051
東京都千代田区神田神保町 2 丁目 20 番地
　　TEL　03-3230-3701（代表）
　　　　　03-3230-3703（編集）
　　FAX　03-3230-1170
　　振替東京　6-154568

ISBN978-4-87526-451-4 C3031　https://www.koshokuken.co.jp

公職研図書紹介

鈴木洋昌 著
広域行政と東京圏郊外の指定都市

首都圏サミットの過去の連携事例や指定都市への権限移譲の事例等を取り上げ、都県と東京圏郊外の指定都市によるヨコの関係、道府県と指定都市というタテの関係について歴史的な経緯を踏まえながら論じる一冊。　　　定価◎本体1,800円+税

宮田正馗 著
ゼロから自治体を創ったらどうなるか？
元村長 宮田正馗が語る大潟村のあゆみ

日本第二の湖、八郎潟を干拓してできた秋田県大潟村。村は、国の減反政策に協力する順守派と、ヤミ米に走る過剰派へと二分されていく…。村の黎明期に村長を6期務めた著者が明らかにする、内側から見た村史。　　　定価◎本体2,100円+税

鈴木秀洋 編著
子を、親を、児童虐待から救う　先達32人の知恵

現在の児童虐待対応の課題への具体的羅針盤を示す。福祉, 保健, 医療, 心理, 保育, 教育, 弁護士, 警察, 検察, 地域——児童虐待防止に挑む、関係全分野の第一人者、総勢32人の書き下ろし。　　　定価◎本体1,800円＋税

佐藤　徹 編著
エビデンスに基づく自治体政策入門

エビデンスによる政策立案・評価とは何かという【基礎】から、実際にロジックモデルを作成して、政策・施策に活用する【応用】まで。ロジックモデルを"学べる×使える"ワークシートのダウンロード特典付き。　　　定価◎本体2,100円+税

上原一紀・飯島玲生・石神康秀 著
ボードゲームが人を変える、まちを変える
シリアスゲームの活用とつくり方

「ゲームを課題解決の手法として取り入れたい」「自分でシリアスゲームをつくりたい」「ゲームという手法の導入を、上司に説得する材料がほしい」というあなたにピッタリの一冊。6つのステップでゲーム制作！　　　定価◎本体2,000円+税

塩浜克也・米津孝成 著
「なぜ？」からわかる地方自治のなるほど・たとえば・これ大事

地方自治制度に苦手意識がある人、勉強方法に悩む人には、親しみを持つきっかけに。公務員の昇任試験を勉強中の人には、息抜きをしながら"試験の知識"を越えて、法を奥深く理解するために好適な一冊。　　　定価◎本体1,950円+税

『クイズ de 地方自治』制作班 編
クイズ de 地方自治
楽しむ×身につく！自治体職員の基礎知識

23の分野ごと厳選したクイズを掲載。担当外の職員でも知っておいてほしい基礎的な知識から、理論・実務を知悉した職員のみぞ知るカルト級の知識まで。楽しみながら、自然に身につく。 定価◎本体1,800円＋税

阿部のり子 著
みんなで始めよう！公務員の「脱ハラスメント」
加害者にも被害者にもならない、させない職場を目指して

多様なハラスメントの態様を知り、センスを高め法的理解を深めて、自分も他人も加害者にならない・させない、被害者にならない・させないための必読書。現役自治体職員と3人の弁護士がわかりやすく解説。 定価◎本体1,800円＋税

特定非営利活動法人 Policy Garage 編
自治体職員のためのナッジ入門
どうすれば望ましい行動を後押しできるか？

ナッジの実践者が、自治体の政策にナッジを取り入れるにはどうしたらよいかを伝授。初学者向けの解説と多数の事例紹介から、活用方法のキモがわかる。実践に踏み出したい方におすすめ。 定価◎本体1,900円＋税

今村　寛 著
「対話」で変える公務員の仕事
自治体職員の「対話力」が未来を拓く

「対話」の魅力とは何か、どうして「対話」が自治体職員の仕事を変えるのか、何のために仕事を変える必要があるのか―。そんなギモンも「自分事」として受け止め、「対話」をはじめてみたくなる一冊。 定価◎本体1,800円＋税

元吉由紀子 編著
自治体を進化させる公務員の新改善力
変革×越境でステップアップ

自治体改善のプロが、新時代の改善のあり方を示す。時代の変化をとらえ自治体を進化させるために職員・組織が発揮すべき力を説明。必要な視点・考え方のほか、身につけたい能力・スキルまで丁寧にひもとく。 定価◎本体2,000円＋税